인생정원

산. 들. 나무. 꽃.
위인들이 찾은 지혜의 공간

인생정원

성종상 지음

SNOWFOX

"...석문(石門) 안 넓게 펼쳐진 곳,

산을 낀 물가 요지에 초가 서너 채를 짓는다.

앞마당엔 가림벽을 치고 온갖 화분을 놓되

국화는 적어도 48종 정도를 구비하도록 한다.

그 옆으로는 뒷산에서 대나무 홈통으로 끌어온 물을 모아

작은 못을 파고서 연과 붕어를 기른다.

연못물은 인접한 남새밭으로 흐르게 하는데

잘 구획된 그곳엔 여러 가지 채소원예들이 물결치듯 무늬를 이룬 채 심겨져 있다.

텃밭 주위는 찔레꽃으로 둘러서

오뉴월 뜨거운 햇볕 아래 밭일하려는 이의 코를 즐겁게 해준다.

사립문 밖 산기슭 바위에 작은 초정을 두어

무성한 숲과 맑은 계류가 이루는 빼어난 경치를 즐긴다.

초정은 대나무로 난간을 둘러 소박한 운치를 더한다.

시내 옆에는 넓은 전답을 두어 굳이 세상에 나가지 않아도

먹고 살만한 터전을 확보한다.

그 너머로는 넓은 호수가 있어 연, 토란, 마름, 가시연 등이 가득한데

달 밝은 밤이면 작은 배를 타면서 친구들과 시와 음악, 그리고

술로 흥취를 즐긴다...."

앞의 글은 우리 역사상 가장 뛰어난 인물로 꼽히는 다산 정약용 선생이 이상적인 집의 면모를 설명한 것이다. '선비로서의 본분을 지키며 살아갈 거처가 어떠해야 하는가'를 물은 제자의 질문에 대한 답글이다. 이상적인 주거지의 면모를 상상으로 그려본 것이니 평소 마음속에 품고 있던 바가 잘 드러나 있다.

필자가 주목하고 싶은 것은 바람직한 집의 면모를 설명하면서 건물보다는 정원과 주변 환경에 관한 설명을 훨씬 더 많이 할애한 대목이다. 건물로는 초가 서너 채와 초정(풀이나 갈대 따위로 지붕을 만든 정자)만이 등장할 뿐이다. 인위적인 요소, 특히 건물보다는 산과 계류, 바위와 숲 같은 자연환경 요소가 더 중시되고 있다. 집 안 가구로도 책장과 탁자, 책상 정도만 언급될 뿐이다. 오히려 1,400여 권의 책과 향을 태울 향로가 더 강조된 듯하다.

뿐만 아니라 너른 호수에서 뱃놀이와 음악, 술을 함께할 친구, 참선과 설법, 시와 술, 가슴속 생각을 기꺼이 나눌 스님, 차와 누에를 함께 치며 미소를 주고받는 부인도 등장한다.

결국 다산이 그린 이상적인 주거는 크고 화려한 집이 아니다. 산과 물이 잘 어울린 경승지에서 연못과 꽃이 있는 정원과 텃밭, 너른 호수를 갖추고 친구, 스님, 부인 등 마음 맞는 이들과 시와 음악, 술, 뱃놀이로 운치 있는 삶을 즐길 수 있는 곳이다. 흥미로운 점은 그런 정경에 가장 근접한 곳 중 한 곳이 다산초당이라는 사실이다.

비록 귀양처였지만 자신이 그리는 이상적인 거처에 가까웠다고 하니 적어도 그 점에서는 다산초당에서의 삶이 그리 나쁘지는 않았던 모양이다.

현재 한국인이 가장 많이 살고 있는 주거유형은 단연 아파트다. 전체 주거유형 중에서 아파트가 차지하는 비중이 60%가 넘은지 오래다. 오죽하면 어떤 외국인은 『아파트 공화국(2007년 프랑스 지리학자 발레리 줄레조가 쓴 한국에 관한 책)』이라는 이름으로 책까지 썼을까? 땅이 좁고 인구밀도가 높아서 그렇다고는 하지만 농촌 지역까지 아파트가 여기저기 들어서는 걸 보면 한국인의 아파트 사랑은 대단하다. 젊은 층일수록, 소득이 높을수록 아파트를 선호한다는 연구 결과도 있다. 아무래도 당분간은 아파트가 주요 주거지 자리를 쉬 내려놓지는 않을 듯하다.

표준화와 규격화를 근간으로 하는 아파트는
필수적으로 단조롭고 획일적인 풍경을 낳기 마련이다. © Pixabay

아파트는 대형 건설사들이 경제성과 분양 흥행 요건에 맞춰 대량으로 찍어내듯 만들어진다. 대중적 추세나 선호를 고려한다지만 평면, 향, 층 등 거의 모든 속성에서 선택의 여지가 없다. 각 세대는 물론 전체 단지의 배치도 대체로 획일적이다. 마치 기계로 찍어내듯 건설사가 만들어 낸 공급자 중심의 기성품일 뿐이다. 그러니 다른 취향과 스타일을 가진 각자의 삶을 담는 것은 한계가 있다. 그런데도 우리는 건설사가 일방적으로 만들어준 공간에 자신의 몸을 끼워 맞추듯 들어가 살고 있다. 일종의 쿠키 커터 하우스[1](cookie-cutter house)에서 살고 있는 셈이다.

주거 정체성이라는 개념에서 보면 현재 한국인들은 주거에 관한 한 각자의 개성이나 기호를 찾지 못한 채 살아가고 있다. 거대한 콘크리트 덩어리가 열과 줄을 맞춰 늘어선 대규모 단지일 뿐이기 때문이다. 커다란 닭장 속에 한 칸을 차지하는 것으로 만족하는 사이에 자신만의 취향은 물론 참된 삶의 멋과 의미를 잃어버리고 있는 것은 아닐까?

인간이 환경의 동물이라는 측면에서 보면 그런 획일적인 환경에서 어떻게 개성과 창의성을 키울 수 있을까? 그런 경직된 공간질서에서 어떻게 아름다운 꿈을 꿀 수 있을까? 어쩌면 우리는 오랫동안 집이라는 존재와 그 가치를 잃어버린 채 살아가고 있는 것은 아닐까?

하우스(house)는 있지만 홈(home)은 잃어버린 셈이나 다름없다. 삶의 환경이 그러한데 어떻게 개성을 찾고 창의적 사고를 기대할 수 있을까? 더 안타까운 것은 그런 사실조차 의식하지 못한 채 살고 있다는 점이다.

근래 와서 한국 사회에 새로운 문화 현상들이 목격된다. 삶의 방식이나 스타일, 취향에

1 쿠키를 만들 때 사용하는 틀인 쿠키 커터cookie-cutter의 사전적 의미는 '판에 박은', 혹은 '개성 없는'이라는 뜻이다. 우리 식으로 말하면 '풀빵 틀' 정도와 유사하다. 1960년대부터 미국 맥도날드 햄버거 식당 실내에 빨강, 노랑, 파랑 등의 단색으로 된 단조로운 놀이시설이 대거 등장하면서 유행하게 되었다. 어린이 놀이 환경에서 경제성, 편리성, 안전 등의 가치가 우선시되면서 상상, 모험, 창의성이 사라진 채 놀이 행태가 지루해졌다는 비판을 듣기도 했다.

서 예전과는 다른 다양한 단면들이 자주 눈에 띈다. 자신만의 취향과 안목으로 개성 있는 삶을 추구는 이들이 과거 그 어느 때보다 빠르게 증가하고 있다. SNS와 개인 미디어는 이런 급속한 현상을 뒷받침해 주고 있다. 욜로(YOLO), 유스컬처(Youth Culture), 마니아, 덕후 같은 신조어가 그 반증이다. 마치 이전까지의 삶에서 벗어나는 것이 최대 과제인 것처럼 그것들은 우리의 관심을 잡아끈다. 획일적이고 단조롭기 그지없던 삶을 적당한 청량감과 달달한 즐거움으로 가득 채워 줄 수 있는 구원투수가 된 것 같다.

정원, 여행, 걷기, 요리, 캠핑, 커피, 힐링, 건강 등은 이런 트렌드와 결을 함께하며 핫하게 떠오르는 활동들이다. 이제는 취향을 넘어 새로운 비즈니스로까지 확장되었다. 이들은 모두 몸을 통한 체험, 그 현장으로서 외부공간, 그리고 혼자서 혹은 여럿이 '함께 즐김'이라는 공유지점을 갖는다. 그러면서 남과 다른 각자의 개성과 취향을 중요하게 여기며 레디 메이드(ready-made, 기성품) 보다는 오더 메이드(order-made, 주문상품)를 선호한다. 남다른 개성으로 무장된 개인 혹은 연결된 개인(networked individual)이 문화와 상품 소비의 주체로서 등장한 셈이다.

2007년 〈타임〉지는 "개인들이 세상을 바꾸고 있을 뿐 아니라 세상이 변화하는 방식마저도 바꿔 낼 것"이라고 직시했다. 이제 사람들은 절대다수와 합리로 강요되는 상품보다는 자기만의 기호를 찾아 소비한다. 그러면서 불확실한 미래보다는 오늘에 집중하며 일상의 경험으로 욕구를 충족하고 행복을 찾으려 하고 있다. 늘어난 통장 잔고가 아닌, 남다른 체험 소비에 만족하는 것이다.

자기만의 취향과 라이프스타일을 찾으려는 움직임은 주거문화에서도 예외없이 목격된다. 땅콩주택, 콘셉트하우스 같은 맞춤형 주택에서부터 셰어하우스, 동호인 주택 처럼 개성을 찾으려는 소비자 욕구에 맞춘 새로운 주거유형들이 속속 등장하고 있는 것이다. 뿐만 아니라 DIY, 홈퍼니싱(home furnishing), 플랜테리어(plant+interior) 혹은 그린테리어(green+interior) 등으로 자기만의 주거공간을 나만의 색으로 표현하려는 움직임도 있다.

집을 보는 시각이 단순히 먹고 자는 곳을 넘어 남과는 다른 자기만의 개성을 표현하는 공간으로 진화하고 있는 것이다. 바야흐로 이제 집은 '사는(buy)' 것이 아닌 '사는(live)' 곳으로 바뀌고 있는 셈이다. 정원은 이런 자기표현을 구현할 수 있는 또 다른 장으로서 의미를 지닌다. 철 따라 변화하는 정원은 시간과 함께 흐르는 삶의 깊이를 더해준다.

주거에서의 개성과 정체성 확립을 지지하며 필자가 지금부터 말하려는 것은 명사들의 정원 생활이다. 한 인물의 삶의 면모를 살펴보는 것은 여러 통로가 있다. 필자는 그중에서도 명사들의 삶과 생각을 정원을 통해 알아보고자 한다.

그 첫 번째 이유는 정원이 가진 고유의 가치가 지금 우리 사회에 꼭 필요할 거라는 생각에서다. 지난 반세기의 급격한 성장을 거치며 우리 사회는 현재 깊은 후유증을 앓고 있다. 어느 정도 잘살게 되었지만 과밀해지고 삭막해진 풍경 속에 우리 삶도 그만큼 피폐해진듯하다. 여전히 세계 최고 수준인 자살률이나 이혼율, 낮은 출산율은 힘든 우리 삶을 냉정하게 드러내고 있다. 기술 발달로 늘어난 정보량만큼이나 욕망과 갈증은 타오르기만 하는데 유혹과 자극은 어디서나 넘쳐난다. 그 와중에 나를 찾고 지키기란 여간 어려운 게 아니다. 그런 점에서 지금 우리에게 필요한 것은 마음 돌보기가 아닐까?

『임원경제지』의 저자 서유구의 말이다. "사람에게는 오관(다섯 가지 감각. 눈, 귀, 코, 혀, 피부)이 있고 곡식, 채소, 고기 등은 오관 중 입만을 길러주는 음식들인데 사람은 짐승과 달라 입과 배를 기르는 일로만은 만족하지 못한다. 사물을 기르는 허(虛/ 잡념이나 사념이 없는 일)가 있고서 실(實/ 실제, 실상)을 기를 수 있어야 비로소 온전하게 된다." 그는 허를 기르는 것이 실을 기르는 근본이라고 말한 것이다.

그가 조선 최고의 실용서인 『임원경제지』를 쓴 까닭은 꽃 기르기와 감상 같은 일이 '허'를 기르는 일로서 인간의 마음을 갈고 닦는, 결코 하찮은 일이 아니라는 사실을 알리고 싶

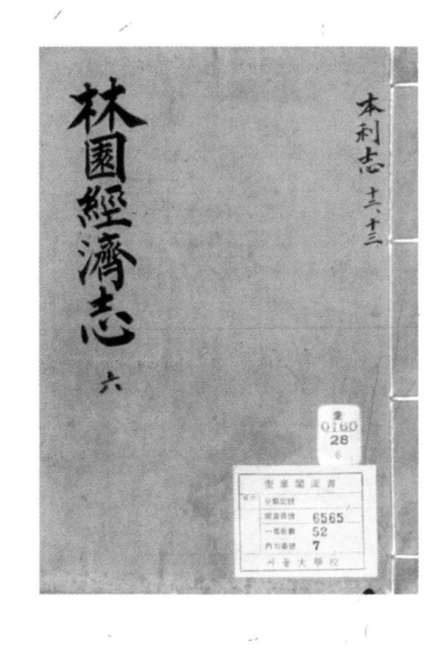

조선 최고의 실용서로
평가 받고 있는 『임원경제지』
ⓒ 한국학중앙연구원,유남해

었기 때문이라는 지적도 가능하다.

현대 한국문학의 저명 평론가인 김현은 이렇게 지적했다. “합리주의가 즐거움을 줄여 가고 있다는 사실이 몹시 안타깝다. 비능률적이며 낭비같이 보이는 것들 속에 사람의 삶을 풍요롭게 하는 요소가 있다. 즐거움은 인위적인 것에서 벗어나 자연적인 것을 느끼게 한다. 우리 삶에 깊이가 없다고 느껴지는 것은, 합리주의와 물질적인 기술문명이 인간 본래의 존재성을 잊고 즐거움을 삶에서 자꾸 떼어내기 때문이다. 즐거움을 맛보기 위해서는 사람의 마음에서 우러나오는 진성이 있어야 한다. 그 진성은 자기 마음의 여러 소리에 귀를 크게 열고 기울이려는 마음의 움직임이다.”

필자는 정원 일이 김현이 말하는 그 즐거운 자연의 일일 것이라고 믿는다. 자기의 귀를 한껏 열고 마음을 담아내는 즐거운 일은 자연적인 것들에 있다고 의심 없이 믿고 있다.

명사들의 정원 생활을 보려는 두 번째 이유는 삶을 풍요롭게 하는 요소로서 정원의 면모를 확인해 보고 싶어서다. 특별히 성공적인 삶을 살았던 유명인사들, 영향력 있는 이들의

제인 오스틴의 초턴 하우스(Chawton house)
이곳에서의 생활은 그의 위대한 작품을 만들어 내는 밑거름이 되었다. ⓒflickr

정원 생활을 엿봄으로써 삶에서 정원이 갖는 의미를 구체적으로 살펴보려는 것이다. 그들의 삶에서 정원의 의미, 가치와 역할을 엿보며 우리 자신의 삶에도 적용해 볼 수 있기를 바라는 것이다.

어린 시절부터 세상을 떠나는 마지막까지 명사들이 정원에서 얻은 효용은 결코 적지 않다. 영국의 소설가 제인 오스틴이 쓴 소설작품에는 정원이 주요 무대로 등장하는 경우가 많다. 등장인물의 심경이나 내면 심리를 포착하기 위한 배경으로 정원만 한 곳이 없다는 점을 알고 있었던 것이다. 거기에는 그녀의 어릴 적 경험이 중요하게 작용했음직하다. 실제로 어린 시절 오스틴은 목사였던 아버지를 따라 햄프셔 주 스티븐턴의 목사관에 살면서 텃밭에서 어머니와 함께 먹을거리를 키웠다. 그 후 새로 이사 한 초턴 하우스에서는 과수원, 숲, 주

한옥과 어우러진 매화 ⓒ Pixabay

위 들판과 산책로를 즐겨 걸으며 마음껏 상상하고 즐겼다. 『이성과 감성』, 『오만과 편견』 같은 그녀의 대표작은 초턴 하우스 정원과 주변 전원 속의 경험을 토대로 구상된 작품이다.

동양 최고의 유학자로 국내외에서 인정받는 퇴계 이황은 자신이 경영했던 계상서당과 청량산을 잇는 길을 따라 걸으며 학문과 사상을 발전시켰다. 어릴 적에 숙부에게 배우면서 이미 익숙하게 다녔던 곳 근처에 서당을 짓고 제자를 가르치며 생각을 키웠다. 이후 제자가 많아져 근처에 더 큰 규모로 도산서당을 지었는데 그곳은 '산수에 묻혀 공부하는 것'을 꿈꿨던 자신의 꿈을 이룬 현장이기도 하다.

"아침저녁으로 멀리 산과 강을 보기에 좋다"라고 하며 만족했던 자연 경승지에 공부를 위한 서재(완락재 玩樂齋)와 쉼을 위한 공간(암서헌 巖棲軒)을 지었다. 그 주위에는 대나무, 소나무, 매화를 심고 연못을 파고는 연을 길렀다. 마지막 숨을 거두면서도 매화를 보살피라고 요청한 것을 보면 그의 마음에 들어 있는 정원의 가치를 엿볼 수 있다.

"세상에 정원의 유형은 정원사 수만큼 많다"는 말이 있다. 그렇게나 많은 정원 중에서 앞으로 살펴볼 정원은, 정원을 각별히 즐겼던 이들이 남긴 곳들이다. 한국과 서양 역사 속 인물 중에서 정원과 관련해 뚜렷한 족적을 남긴 이들이다.

사적인 심미 취향(아름다움에 관한 개인의 기준)이 담기기 마련인 정원은 한 인간의 은밀한 내면세계를 들여다 보기에 유용한 거울이다. 하지만 여기서는 그들의 정원이 얼마나 '아름답고 볼만한가' 보다 '정원 속에 펼쳐진 인물들의 삶'에 집중하고자 한다. 정치, 철학, 문학, 예술 등 다양한 분야에서 탁월한 발자취를 남긴 그들이 평생에 걸쳐 이룬 이상이나 신념은 물론 일상에서 맛본 정원에서의 즐거움이 어떻게 키워지고 실현됐는지 살펴보고자 한다. 그들이 정원을 바라본 시각과 그 속에서 펼쳐 나간 꿈과 생각들, 소소한 일상을 살펴봄으로써 나의 삶과 비교해 보고 자신에게 맞는 정원 생활의 의미를 찾기를 기대해 본다.

시애틀 Bloedel Reserve의 숲길

© 성종상 2007년 2월

CONTENTS

PART 1

PART 2

PART 1

1

헤르만 헤세

헤르만 헤세는 1877년 7월 2일 독일의 칼프에서 태어나
1962년 8월 9일 스위스의 몬타뇰라에서 사망한 독일의 소설가이자 시인이다.
독일 태생의 스위스 시인, 소설가, 화가로
20세기 가장 영향력 있는 작가 중 한 명으로 평가받는다.
그의 작품 속 중요한 주제는 인간의 본질적인 정신과 정체성을 찾기 위한 노력이었다.

대표작으로는『수레바퀴 아래서』『데미안Demian』『싯다르타Siddhartha』『황야의 늑대』가
있으며 1943년에 출판된 마지막 작품인『유리알 유희』로 1946년 노벨 문학상을 받았다.
헤르만 헤세의 작품은 개인의 진정성, 자기 인식 및 영성을 탐구하는 것으로 유명하다.
그 중『싯다르타』는 붓다 시대 인도가 배경인 소설로 깨달음을 찾기 위한 탐색에 대한 것이다.
『황야의 늑대』는 개인의 정체성과 영성을 찾기 위한 노력을 탐구하는 작품이다.

사랑도 기쁨도 영원한 것은 없었다. 평생 쉴 곳을 찾아 헤맨_ **헤르만 헤세**

그의 영혼의 안식처였던 정원들

헤르만 헤세(1877년~1962년) © Dutch National Archives

베를린 유대인박물관
© 성종상 2003년 8월

독일 지성인의 양심이자 정신적 스승, 헤세

독일 현대문학을 대표하는 시인이자 소설가 헤르만 헤세(Hermann Hesse, 1877-1962)는 흔히 구도자로, 혹은 양심의 수호자로도 불린다. 자전적 소설이라고 평가되는 그의 작품들에는 자연에의 무한한 동경이 들어 있다. 더불어 청춘에 대한 그리움, 사랑, 평화, 자유 같은 인간적 가치의 회복이 기저에 깔려 있다. 당시 히틀러와 나치주의자들의 편협된 민족 이데올로기와 전쟁의 광풍 속에서도 헤세는 인간성의 가치를 끝까지 포기하지 않았고 자연에 대해 경건한 자세를 잃지 않았다.

'내 삶과 문학의 최종 목표이며 폭력의 시대 한가운데서 정신에 대한 믿음의 고백'이라고 밝힌 역작 『유리알 유희』에서 헤세는 지식인의 한계를 비판했다. 더불어 문명사적 해법을 모색하기도 했다. 경제적, 기술적 진보의 시대에 방황하는 젊은이들에게 보다 더 인간적이고 자연 친화적인 삶에 대해 관심 가질 것을 촉구하기도 했다. 2차 대전 종전과 함께 나치주의가 붕괴된 이후 독일은 물론 전 세계에서 헤세가 인간 정신과 문화의 상징으로, 혹은 정신적 스승이라고 부각된 것도 그런 까닭일 것이다.

친·외가가 모두 선교사 집안이어서 일찍부터 다른 문화를 자연스럽게 접하며 자랐던 헤세는 인도어학자였던 외할아버지와 선불교 전문가였던 사촌 형의 영향으로 동양의 정신세계에 심취할 수 있었다. 특히 헤세는 30대에 벌써 『논어』나 『도덕경』 등 중국 고전에 대한 서평을 쓰고 경전과 시집을 탐독했을 정도로 중국에 관심이 많았다. 인간의 내면세계에 깊이 천착했던 헤세가 자기성찰과 관조로 현실을 극복하려는 동양적 사고에 심취했던 것은 당연한 일이었을 것이다. 그것은 성장 과정은 물론 중년에까지 헤세에게 자연과 사회와의 화합을 주창하게 만든 원동력이 되었다. 흥미로운 사실은 정신세계 탐색에 익숙하지 못한 독일인들은 헤세의 글을 어려워 하는반면 한국과 일본 등에서는 두터운 청년층 독자까지 있다는 사실이다.

독일 Palmengarten

ⓒ 성종상 2016년 7월

헤세의 정원 생활

평생을 전쟁과 권력의 폭력으로부터 피해 다니면서도 헤세는 가는 곳마다 정원을 가꾸고 살았다. 정원이 등장하지 않는 작품이 없을 정도로 헤세에게 정원은 중요한 모티브였다. 작품 속에서 정원은 대체로 어릴 적의 행복을 상징하거나 여성의 영역으로 설정돼 있다. 그 이면에는 그가 스스로 고백했듯이 어릴 적 정원에서 어머니랑 지냈던 아름다운 추억이 강하게 깔려있다.

헤세에게 정원은 거칠고 폭력적인 억압에서 벗어나 어머니 품과 같은 안식을 취하던 곳이었다. 정원가로서 헤세의 면모는 그의 그림 〈정원사 헤세〉나 예순 직전에 출간한 『정원에서의 시간』에 잘 드러나 있다. 생애 중 그가 가꿨던 주요 정원들은 다음과 같다.

가이엔호펜 시절 1(1904-1907년, Gaienhofen) : 17세기 농가

헤세는 27세 때 9살 연상의 사진작가 마리아와 결혼해 콘스탄츠 호숫가 농가에서 신혼생활을 시작한다. 그해에 발표한 첫 번째 소설『페터 카멘친트』로 단숨에 유명작가로 인정받으며 경제적 자립과 함께 결혼까지 한 것이다. 가이엔호펜이라는 마을의 17세기 농가에 방 몇 칸을 빌린 삶이었지만 헤세는 이때 처음으로 "뿌리를 내린 느낌이 들었다"고 고백하기도 했다. 큰 도시로부터 멀리 떨어진 작은 시골이어서 전기나 가스, 수도는 물론 상점조차 없는 한적한 곳이었다. 조용하고 건강한 자연 속에서 근면하고 부지런한 삶을 살고자 했던 헤세에게 그곳은 최적의 장소였다. 이사 후 3주 만에 작은 보트를 구해 호수를 건너 쇼핑하거나 인근의 아름다운 경치를 찾아다녔을 정도로 헤세는 그곳에서의 삶을 만끽했다. 부인 마리아가 직접 골랐던 그 집은 현재 헤세박물관으로 이용되고 있다.

헤세박물관 표지판

© 성종상 2017년 8월

헤세가 신혼생활을 시작한 가이엔호펜 농가

비록 오래된 농가지만 그가 처음으로 정착했다는 느낌을 얻은 곳이다.
지금은 헤세박물관(Hesse Museum Gaienhofen)으로 운영 중이고 뜰에는 헤세 동상이 있다.
© 성종상 2017년 8월

가이엔호펜 농가 헤세박물관 외벽

헤세가 이곳에서 산 기간을 알리는 표지판이 붙어 있다. © 성종상 2017년 8월

가이엔호펜 시절 2(1907-1912년); 헤세가 직접 지은 집과 정원

자녀가 늘면서 헤세 부부는 호수가 더 잘 보이는 마을 외곽으로 이사하게 된다. 장인의 경제적 지원을 받아 더 큰 집을 새로 짓게 되면서 헤세는 처음으로 자신의 의도를 반영한 집과 정원을 갖게 된다. 독일 최대의 호수 콘스탄츠를 향해 완만하게 경사진 초지에 터를 잡았다. 헤세는 "시내에서 고작 3분 거리면서 샘도 있고 두 방향으로 호수를 볼 수 있는 매우 아름다운 곳"이라며 흡족해했다. 현재 남아있는 헤세의 스케치에는 당시 문예사조였던 예술수공예운동(Arts and Crafts Movement) 스타일에 맞춰 검소하고 소박한 모습의 건물과 정원을 엿볼 수 있다.

헤세는 9,000m²의 너른 터를 구획한 후 건물을 경사 위 측에 앉혔다. 아래쪽으로는 채소와 과수만 심어 장대하게 펼쳐진 호수와 풍경을 즐길 수 있도록 했다. 정원으로는 약초원, 채원을 두고 땔감과 정원 용구를 보관하는 작은 창고, 호수 조망과 휴식을 위한 작은 쉼터를 둔 것 외에는 별다른 요소가 없다.

호수 조망과 무관한 북측과 동측 부지경계는 생울타리를 둘러 집과 정원의 영역을 확실하게 확보했다. 집 주위로 장미, 달리아, 창포, 해바라기, 당아욱, 카네이션 같은 꽃과 함께 랍스베리, 딸기, 완두콩, 상추 등을 길렀다. 거의 매일 샐러드를 먹었을 정도로 넓은 텃밭을 가꾸고 정원과 집주변 조경을 관리하는 일이 당시 헤세의 주요 일과였다. 세 아이들은 집 주위를 뛰어다니며 나무딸기를 따며 놀았다.

가이엔호펜에서의 삶은 대체로 만족스러웠다. 그는 아내가 치는 피아노 소리를 들으면서 아이들을 돌보는 가장으로서의 행복을 사실상 처음으로 맛봤다. 헤세에게 그것은 소년기 이후의 오랜 방황과 좌절에서 마침내 벗어나게 되었음을 의미하는 대전환이기도 했다. 하지만 헤세는 1912년 가이엔호펜에서의 삶을 접고 베른으로 이사했다. 결혼과 함께 가이엔호펜에서 살기 시작한 지 7년 여, 생애 처음으로 자신의 집과 정원을 지어 즐긴 지 불과 4년 만의 일이었다. 다소 의아스럽기까지 한 그 결정 이면에는 부인과의 불화, 안락한 삶에 대한 자성과 반발, 잦은 두통과 우울증, 그리고 고질적인 방랑벽의 재발 등 복합적인 요인들이 깔려있다. 그렇게 그의 '일생에서 가장 조용하고 은둔했던 삶'이 8년도 안 돼 끝나게 되었다. 하지만 그의 대표작 중 상당수가 그 당시에 구상되고 완성되었을 만큼 가이엔호펜에서의 생활은 헤세에게 각별한 의미가 있었던 것으로 보인다.

가이엔호펜 헤세의 집

집은 사방으로 조망이 가능하며 일조에 유리하도록 2층으로 설계했다.
구릉지 위쪽에 짓고 전체 경계는 생울타리로 둘렀다.
© 성종상 2017년 8월

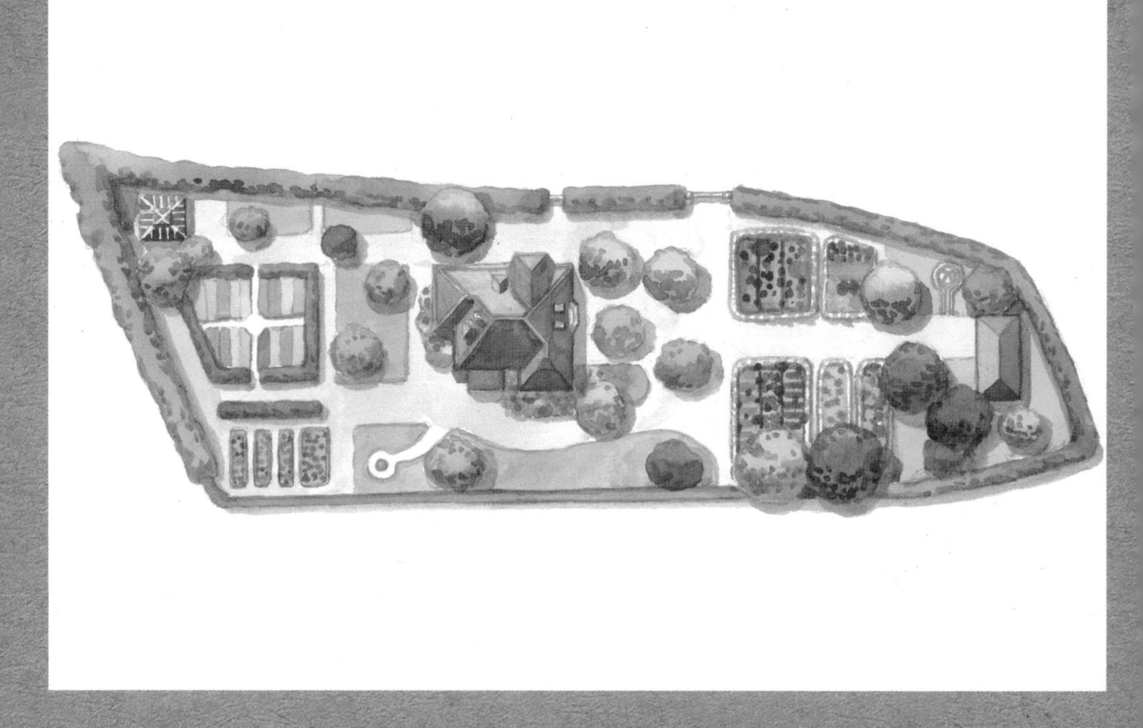

헤세의 가이엔호펜 정원 평면

헤세가 만든 정원은 채소밭이 빠지지 않고 등장하는 것 외에 특별히 내세울 게 없이 대체로 평범한 편이다. 정원 크기도 그다지 크지 않은데다가 특별히 불만한 것도 화려한 것도 없다. 그 대신에 헤세는 풍광이 아름다운 곳을 골라 주변 자연을 두루 함께 즐기는 쪽을 택했다.

© 작도 김준현

헤세 가이엔호펜집 근처에서 내려다보이는 호수 보덴호

헤세는 독일 최대 호수 보덴호 위 언덕에 터를 잡아 호수쪽으로는 야채와 과일나무 등만 배치하여 시야를 확보하고서 2층 집을 지어 호수를 한껏 조망하며 살았다. © 성종상, 2018년 7월

헤세 가이엔호펜 집 앞 골목.

헤세는 호수 방향을 제외하고는 집 주변을 생울타리로 둘러서 집과 정원 영역을 확실하게 드러내었다. © 성종상 2017년 8월

베른 교외 시절(1912-1919, Bern) : 친구 화가가 생전에 살던 집

헤세가 베른에서 새로 정착한 집은 화가였던 친구가 생전에 살았던 집이다. 가이엔호펜 집에 비해 크고 당당한 정원이 이미 조성돼 있었다. 오래된 큰 나무들이 풍성한 숲을 이루고 있고 중앙에 분수와 백목련, 라일락 같은 꽃나무와 함께 데이지, 튤립 같은 꽃들이 함께 어우러져 있었다. 집 남측에는 타원형의 목초지가 있었고 멀리 알프스산맥까지 한눈에 들어오는 곳이었다.

하지만 헤세의 글에는 가이엔호펜 호숫가나 몬타놀라 시절에 비해 베른의 집과 정원에 대한 언급은 상대적으로 적다. 이미 완성돼 있는 정원이어서 헤세가 손댈 여지가 별로 없기도 했다. 당시 베른 관공서에서 전쟁포로들을 돌보느라 정원 생활을 누릴 만한 여유가 없었던 이유도 있었을 것이다.

세계1차 대전이 터지자 헤세는 다른 젊은 작가들이 전선에서 죽어 가는데 자신만 따뜻한 화롯가에 앉아 있을 수 없다며 제국군에 자원했다. 하지만 심한 근시로 입대가 거부됐기 때문에 독일군 포로들을 위한 지원활동에 참여했다. 그즈음 헤세는 편협한 민족주의와 전쟁을 옹호하는 독일의 학자·문인들의 반성을 촉구하는 글을 신문에 투고했다가 조국을 배반한 자로 낙인찍혀 심한 정신적·사회적 고통을 겪게 된다. 그와 함께 부친의 별세, 막내아들의 중병, 아내의 정신병원 입원 같은 우환도 겹쳤다. 이런 일들로 헤세 자신도 노이로제에 걸려 정신 치료를 받기도 했다. 이때 칼 융과 그 제자로부터 심리 치료를 받으면서 정신분석학을 접하게 된다. 이 경험은 이후 『데미안』 같은 작품에서 등장인물의 내면심리를 탁월하게 묘사하는 밑거름이 됐다.

몬타뇰라 시절(1919-1931)

전쟁 와중에 겹친 가정사에 괴로워하던 헤세는 결국 가족과 헤어져 홀로 스위스 남측 지역을 전전하다가 이탈리아 접경 지역 몬타뇰라의 바로크풍 저택 까사 까무치(Casa Camuzzi) 2층에 방을 빌려 살기 시작했다. 그사이에 헤세는 부인과 이혼하고 스위스인 여가수와 재혼하기도 했으나 그 결혼도 그에게 안정을 주지 못했다.

연이은 결혼생활의 실패와 경제적 어려움, 작가로서도 곤경에 처하는 등 심리적으로 상당한 어려움을 겪고 있던 헤세에게 몬타뇰라의 아름다운 풍광과 지중해풍 기후는 큰 위안이 된 것으로 보인다. 루가노 호수가 내려다보이는 이곳에 살면서 헤세는 주변의 아름다운 풍경 속을 산책하거나 그림을 그리면서 차츰 심리적 고통을 이겨 내게 된다.

그는 후에 이곳에서의 첫해가 자신의 삶에서 가장 생산적이며 만족스러웠고 최고로 열심히 살았던 때라고 고백했다. 흥미로운 점은 당시 헤세가 많은 시간을 그림 그리기에 몰두했지만, 그일이 글쓰기에는 별다른 차질을 주지 않았다는 점이다. 오히려『싯다르타』,「나르치스와 골드문트』,『클링조어의 마지막 여름』,『이리』같은 대표작 모두 이곳에서 창작된 것들이다. 실제로 헤세도 그곳에서의 삶을 가르켜 "지독한 고독 속에서도 글쓰기와 그림 그리기에 몰입했으며 어릴 적 이후 그 어떤 곳보다 더 친근하게 느꼈다"고 했다.

몬타놀라에서 헤세가 살았던 집
까사 까무치

19세기 중반 바로크 양식의 러시아 궁전을 본 따 설계된 집이다. 이 곳에서 헤세는 지독한 외로움 속에서도 왕성하게 집필했다. 지금은 건물 일부에 헤세 박물관이 조성돼 있다.
© 성종상 2017년 8월

몬타놀라의 헤세 박물관

그가 살던 까사 까무치 바로 옆을 개조한 곳이다.
그가 사망할 때까지의 모습을 유품과 함께 엿볼 수 있다.
© 성종상 2017년 8월

Museo Hermann Hesse
Montagnola

헤세 묘의 비석과 포장 부분

돌의 배치나 마감, 그리고 식재가 자연스럽게 처리되어 있어
헤세의 삶을 은근하게 드러내는 듯하다.
대충 자른 듯한 화강석에 헤세와 부인 니논의 이름이 새겨져 있을 뿐이다.
ⓒ 성종상 2017년 8월

성 아본디오 교회의 헤세 묘(좌측)

같은 묘지 내에는 지휘자 부루노 발터, 다다이즘 창시자 후고 발 등도 함께 묻혀 있다.
담 위로 보이는 산이 헤세가 즐겨 조망했던 산 살바토레산 일부이고,
우측 뒤로는 성 아본디오교회가 보인다.
© 성종상 2017년 8월

좌측 언덕위 집이 1931년부터 1962년 사망할 때까지
헤세가 세 번째 아내 니논과 함께 살았던 까사 로사이다. © 성종상 2017년 8월

1977년 헤세 탄생 100주년을 기념해 세운 기념비

까사 로사로 가는 길옆 작은 공원에 있다. © 성종상 2017년 8월

헤세 탄생 100주년 기념비 © 성종상 2017년 8월

헤세의 삶과 정원

평생 방황과 좌절, 방랑과 정착, 현실과 이상 사이를 오가며 살았던 헤세에게 정원은 각별한 의미를 지닌 곳이었다. 정원을 '영혼의 안식처'라고 했던 헤세는 정신적·육체적 고통을 겪을 때마다 정원일에 몰두하면서 견뎌 냈다. 어릴 적에는 신경쇠약, 학교 무단이탈, 퇴학, 자살기도 등으로 정신요양원에 입원하기도 했다. 장년이 된 후에도 정신적 고통을 심하게 겪어서 심리치료를 받아야 할 만큼 힘든 삶을 살았다.

그러나 전쟁의 광기가 삶의 평온과 인간성을 파괴하는 와중에도 꽃을 심고 나무를 가꾸고 주위 풍경을 그렸다. 그렇게 헤세는 마음의 평화를 찾고 순수 인간성 회복에 대한 강한 의지를 지켜 나갔다. 평생 인간의 두 본능(사회적 존재로서의 정착본능과 원초적인 방랑본능) 사이를 오가며 고뇌와 갈등을 겪었던 헤세에게 정원은 정착과 뿌리내림이라는 삶의 안정을 주는 매개였던 것으로 보인다.

디자인 관점에서 보면 그의 정원은 특별한 것이 없다. 사실 남다른 디자인 감각이나 두드러진 정원요소는 물론 화려하거나 장식적인 요소도 찾아보기 어렵다. 특정 양식이나 형식 미학적 단면을 발견하기도 어렵다. 흥미롭게도 헤세의 정원을 공부하다 보면 한국 전통정원과 유사점이 적지 않다는 걸 보게 된다. 그의 정원이 한결같이 경치가 아름다운 곳에 자리 잡고 있다는 점이나, 인위적인 정원요소들이 별로 없다는 점, 정원 영역뿐 아니라 정원 밖의 주변 경물을 수시로 산책하며 감상하곤 했다는 점은 조선시대 사대부의 원림과도 일맥상통하는 지점들이다. 그것은 지극히 동양적인 가치를 추구했던 그의 정신세계와 연결해 해석할 여지도 있다. 무엇보다 정원을 통해 끊임없이 자신의 내면세계를 들여다보면서 자연과 조화로운 만남을 꾀했다는 점에서 헤세와 조선 사대부의 공유지점이 있다. 그에게 정원을 가꾸는 일은 자연 속에서 자신의 내면세계를 발견하는 일이었다. 글쓰기란 그렇게 발견한 진리로, 전쟁과 이데올로기와 물질로 피폐해지는 인간 세계를 다시 회복시키려는 시도였다.

헤세가 잃어버린 정원 일의 즐거움을 다시 회복한 것은 그의 생애의 마지막 보금자리였던 스위스의 몬타뇰라에서 온전히 자신만의 정원을 가꾸기 시작하면서부터로 보인다.

몬타뇰라에는 헤세가 산책하며 사색했던 길과
장소를 안내하는 표지판을 여러 곳에서 만날 수 있다.
대략 10개 정도의 장소를 2시간 반 남짓한 시간에 돌아볼 수 있다. © 성종상 2017년 8월 나이 쉰이 넘어 다시 모종삽을 들면서 그는 '열심히 일하기보다는, 한가로이 즐길 것이며 덤불을 개간하고 농사짓기에 매진하기보다는, 가을날 모닥불 연기 곁에서 꿈꾸기를 즐길 것이다.'라고 다짐한다. 헤세는 마음에 맞는 집과 정원을 갖게 되면서부터 비로소 삶이 아름다워졌다고 했다. "쉽고 편안하게 사는 법은 알지 못하지만 창문 앞에 정원과 풍경을 두고 즐기는 아름다운 삶은 애써 누리려 했노라"라고 헤세는 고백한다.

한 뼘 땅, 마른 풀포기조차 접하지 못하면서도 아무렇지 않은 듯 잘살고 있는 우리에게도 울림이 큰 메시지다. 영성은 막히고 감성도 메말라 있으면서 행복이 무엇인지, 인간답게 사는 게 어떤 것인지조차 생각하지 못하는 우리 시대에 헤세가 다시 그립기만 하다.

헤세집 까사 로자에서 내다보이는 루가노 호수와 주변 풍경

유용한 정보

가이엔호펜 헤세박물관 Hesse Museum Gaienhofen

주소 헤세 박물관 Gaienhofen, Kapellenstrasse 8 78343 Gaienhofen
미아와 헤세의 집에서 걸어서 10분 거리(약 750미터)

전화 07735 440949

개관 시간 3월 15일 ~ 10월 31일: 화요일~일요일 오전 10시 ~ 오후 5시
11월 1일 ~ 3월 13일 : 금요일과 토요일 오후 2시 ~ 오후 5시
일요일 오전 10시 ~ 오후 5시

입장료 성인 6유로, 학생 4유로, 어린이 2유로

홈페이지 hesse-museum@gaienhofen.de

가이엔호펜 미아와 헤세의 집과 정원 Mia- und Herman Hesse Haus und Garten

헤세가 아내, 세 아이와 함께 살 집으로 보덴호수가 내려다보이는 구릉지에 마련한 집이다. 1907년 집이 완성된 후 헤세는 정원을 직접 설계하고 만들기 시작했다. 그의 스케치에는 집을 가운데 두고서 남과 북측으로 정원을 배치한 평면도를 확인할 수 있다.
정원에는 배나무, 보리수, 밤나무, 자작나무 등의 조경수와 딸기, 라츠베리, 사과 등 과수를 심었고 꽃과 채소를 길렀다. 현재 이 집은 개인 소유이며 비영리단체에 의해 가이드 투어와 행사 등이 제한적으로 운영되고 있다.

주소 Hermann-Hesse-Weg 2, 78343 Gaienhofen

전화 07735 440949

개관 시간 예약에 의한 가이드 방식으로 운영
개인 방문은 4월 15일 ~10월 17일까지 매주 수 ~ 일요일 11시 ~ 17시(마지막 입장 16시); 1인 6유로

홈페이지 https://www.mia-und-hermann-hesse-haus.de/

몬타놀라 헤르만 헤세 박물관 Museo e Fondazione Hermann Hesse Montagnola

박물관에서 헤세 산책로를 안내하는 투어 프로그램이 있다.

헤세가 살았던 까사 까무치는 박물관 바로 우측 건물에 있지만 현재는 개인소유여서 들어가 볼 수 없다. 그가 죽을 때까지 살았던 까사 로사는 박물관에서 약 650미터 거리에 위치하고 있다. 역시 사유지이고 경사지 위에 위치하고 있어 정원이 잘 보이지 않는다.

최근에 그곳을 여러 채의 집으로 신축하려는 계획이 발표돼 논란이 제기 되기도 했다.

주소 Museo Hermann Hesse

Torre Camuzzi Ra Cürta 2 6926 Montagnola

개관시간 3월 - 10월 매일 10시30분-17시 30분

11월 - 2월 토, 일요일 10시 30분 -17시 30분

입장료 성인 8.5 스위스프랑, 학생

노인 7 스위스프랑, 성인 2인+어린이 1인 이상(13-18세) 22 스위스프랑

전화 +41 91 993 37 70

홈페이지 info@hessemontagnola.ch

2

다산 정약용

정약용(丁若鏞)은 1762년부터 1836년까지 살았던 조선 후기의
철학자, 정치가, 시인이며 호는 다산(茶山)이다.
실학의 대표적인 사상가로 국가와 사회 개혁을 위한 다양한 방법과 개혁안을 제시했다.
그의 실학사상을 그대로 보여주는 '거중기'의 발명과 '수원성'의 건립 등으로
다양한 업적을 남겼다.
최고의 걸작으로 평가되는『목민심서』와『경세유표』등을 저술했으며
아버지로서 자녀 교육에도 깊이 관여했다.
정약용은 1783년 진사시에 합격한 후 성균관에서 유생으로 생활하면서
정조의 개혁에 참여했다.
그러나 1791년 정조의 급작스러운 죽음 이후
서인 세력의 집권으로 남인 세력이 탄압 당하면서 유배되었다.
강진에서 18년간 유배 생활을 하며 다양한 학문 연구와 저술 활동을 펼쳤다.
이후 1818년 풀려나와 마재에서 은거생활을 하면서도 학문 연구와 저술 활동을 지속했다.
시학과 음악 분야에서도 뛰어난 업적을 남겼다.

18년의 유배 생활, 최고의 실학자이자 개혁자로 평가되는_ **다산 정약용**

그가 꿈꾸었던 이상적인 거처의 면모

다산 정약용 © 작자 미상

다산초당으로 오르는 산길의 모습

'뿌리길'로 회자되는 거친 모습에서 다산이 겪었던 역경을 떠올리게 된다.

다산 정약용, 조선 최고의 실학자 · 개혁가

다산 정약용(조선 후기 학자 겸 문신)은 조선 역사상 최고의 실학자이자 개혁가로 칭송받는 인물이다. 과학, 의학, 공학 등 자연과학에서부터 철학, 경제, 사회, 문학 등의 인문사회학, 시와 그림 등 예술까지 넘나들며 500여 권에 이르는 방대한 저술을 남겼다.

조선의 문예부흥기인 18~19세기 최고의 지성인이자 천재였던 다산은 정작 자기 평가에는 인색했다. 그는 자신을 "용감하지만 무모하고 선한 것을 좋아하지만 잘 가려 할 줄 모르며, 마음이 이끄는 대로 곧장 나아가 의심할 줄도, 두려워할 줄도 모른다."라고 평가하기도 했다. 18년에 걸친 유배 중에서도 한국 역사상 최고의 사상적 · 학문적 업적을 거둘수 있었던 것은 몰입하는 그의 습관이 중요하게 작용했을 것이다.

다산이 조선 최고의 학자이자 개혁가로 성장하는 데는 걸출한 역사적 인물 두 사람과의 인연과 만남이 있다. 성호 이익(토지를 바탕으로 한 정치, 경제, 사회개혁을 꿈꾼 성호학파 실학자)과 정조대왕(조선 22대 왕)이다. 성호가 다산에게 경세치용(정치, 경제, 사회등 국가의 현실적인 문제를 다루는 제도와 방법)과 사회개혁을 꿈꾸게 만든 사람이라면, 정조는 그것을 현실에 실현할 수 있게 해준 장본인이다.

16세부터 성호의 책을 읽은 이후로 다산은 그를 평생 마음의 선생으로 삼고 공부하며 실학사상을 계승하려고 애썼다. 20대의 젊은 다산이 지닌 재능을 간파한 정조는 규장각으로 불러 여러 학자들과 교유하며 공부에 매진할 수 있도록 배려해 주었다. 초계문신(抄啓文臣), 현대식으로 '정조 스쿨'에 선발돼 여러 차례 정조와 대면하며 학문을 논한 것은 다산에게 중요한 계기가 되었다. 이후 다산은 실학을 바탕으로 경세치용의 정책 제시와 함께 거중기(조선시대 무거운 물건을 들어 올리던 기계)와 한강 배다리 등의 실용 기술로 정조의 기대를 충족시켰다.

결과적으로 다산의 일생은 정조의 통치 시기 전후로 급격한 변화를 맞게 된다.

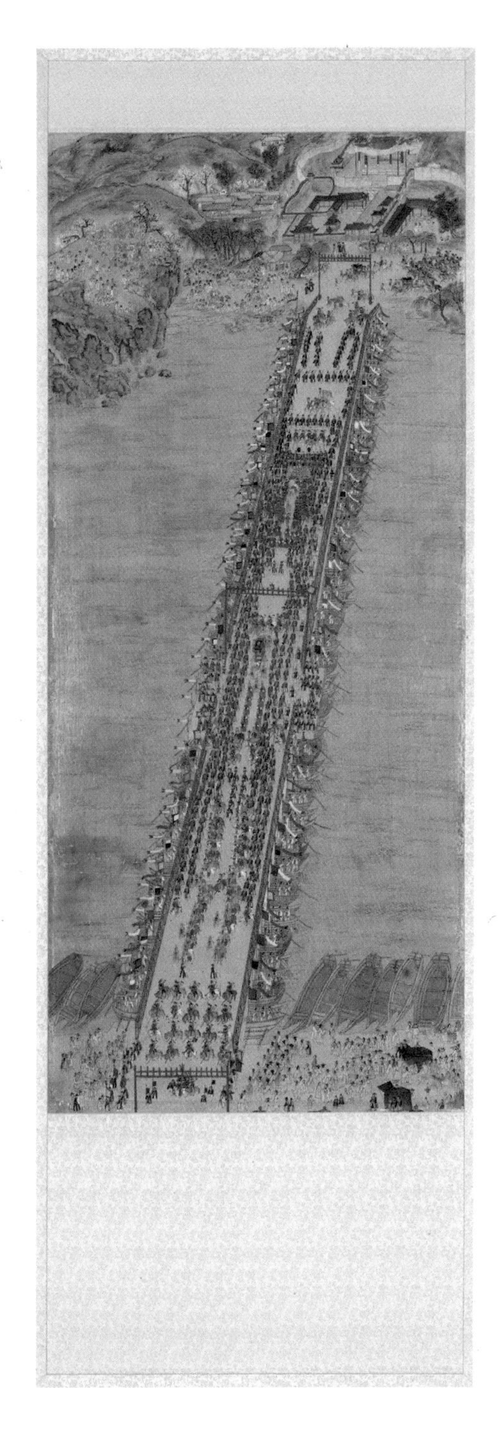

한강주교환어도

다산은 매년 사도세자(정조의 아버지)의 기일때마다 묘소가 있는 수원을 찾았던 정조와 그 행렬을 위해 한강에 배다리를 설치했다. 큰 배 80여 척을 줄 지어 놓고서 그 위에 판자를 놓아 만든 배다리는 다산의 과학과 창의적 발상의 산물로서 정조를 크게 만족시켰다.

ⓒ 국립고궁박물관소장

다산의 대표 정원들

일생 다산이 만들고 즐긴 정원은 의외로 여럿이다. 어릴 적부터 고향 능내 인근의 한강변과 수종사 같은 명소를 찾아 자유롭게 노닐며 감수성을 키웠다. 또한 부친을 따라다니며 전국 각지의 이름난 경승을 즐겼다. 17세 때 아버지가 화순 현감으로 근무하던 관아 주변의 정자 차군정(此君亭)에서 섬돌과 잔디로 정돈된 단 위의 노송과 대숲의 바람 소리를 즐기기도 했다. 부친이 임지를 예천으로 옮긴 19세에는 지역의 누각과 정자를 조사하고는 관아 동측에 폐허로 남아있던 정자 반학정(伴鶴亭)을 발견해 수리한 다음 수목과 화초 가득한 그곳을 자신의 공부방으로 삼았다.

22세 때에는 남산 회현동 재산루로 이사했는데 당시 그곳은 남산 북사면의 승지로서 경치가 아름다운 곳이었다. 이후 관료 생활을 하던 30대에는 서울 명례방(지금의 명동)에 있던 작은 집 마당 한쪽에 화분을 늘어놓고는 대나무 난간을 둘러 정원으로 즐겼다. 죽란원으로 불린 그곳에는 18종의 국화와 부용화, 수선화를 심은 화분과 함께 석류 · 매화 · 치자 · 산다화 · 파초 · 벽오동 등 나무 13그루도 있었다.

다산은 그곳이 '고요한 산림과 원포의 정취가 있어서 수레바퀴(차량)의 소음을 거의 잊어버릴 수 있다'고 했다. 매일 귀가한 후 '난간을 따라 걷기도 하고 달 아래서 술을 마시고 시를 짓기도 했다'고 회고했다. 꽃이 피면 벗들을 불러 시와 술을 나누며 즐겼다. 다산과 남인계 젊은 선비들의 모임인 죽란시사(竹欄詩社)는 그렇게 결성되었다.

정원으로 부르기에 어색할 정도였지만 청운(높은 지위나 벼슬)의 꿈을 함께 나누는 젊은 선비들의 지적 교류를 위한 장이 된 것이다. 이 시절 다산은 '쌀이 외려 귀하지만, 집이야 가난해도 꽃은 더욱 많다네'라고 노래하며 생계를 초월한 정원 생활의 즐거움을 노래하고 있다.

36세 때 다산은 1년여간 황해도 곡산 부사로 있었는데 그곳에서 정각 신축 후 남은 돌과 목재로 연못과 정자를 지었다. 토사 채취로 파인 구덩이에 첩첩이 돌을 쌓아 연못을 만들고 옆에 서향묵미각(書香墨味閣)이라는 정자를 세웠다. 못가에 모란, 작약 등 꽃을 심어 가꾸며 즐겼다.

그 외에도 다산이 만든 정원은 더러 있다. 58세 이후 유배에서 풀려 정착한 능내의 집 여유당 주변에 원포(과실나무나 채소를 기르는 밭)를 경작하면서 정자 채화정(茱花亭)과 품석정(品石亭)을 짓고 즐기기도 했다.

하지만 다산의 정원 중에서 단연 돋보이는 대표작은 유배지 강진에 있는 다산초당이다. 성군이었던 정조의 기대와 지지를 바탕으로 한껏 정치를 펼치다가 졸지에 내몰린 유배지에서 다산은 처음 주막집 노파가 내어준 작은 방에서 비바람을 겨우 피하며 살았다. 그렇게 4년여를 견디며 텃밭 가꾸기를 원했지만 땅 한 뙈기 마련할 수 없던 그는 하릴없이 남의 텃밭에라도 가보는 것으로 마음을 달래곤 했다.

그 후 정원을 조금씩이나마 즐기기 시작한 것은 강진의 제자 이학래가 내어준 사랑채로 옮겨 살면서부터였다. 다산은 사랑채 앞뜰에 대나무를 심고 곁에다 작은 텃밭을 마련하는 등 소박하게 꿈을 이루면서 약 2년여를 그곳에서 살았다. 그러다가 유배 8년 만인 1809년 봄, 먼 외가인 귤단 윤씨가 내어준 산정(山亭)으로 거처를 옮겼다.

이후 그는 언제나 꿈꿔왔던 이상적 거처의 면모를 현실화하는 작업에 곧바로 들어갔다. 그가 지은 『다산사경茶山四景』에는 초당 내의 주요 경물인 다조(茶竈), 약천(藥泉), 정석(丁石), 석가산(石假山) 등의 위치와 조성 배경이 잘 설명돼 있다.

다조는 솔방울을 태워 차를 끓일 때 부뚜막 역할을 하던 바위로 초당 앞마당에 있다. 약천은 평소 목을 축이거나 약을 달일 때 사용하던 샘으로 초당 서북쪽 뒤에 있다. '원래 물기가 많아 축축한 곳을 파내어 맑은 물이 솟아 나오게 했다'고 쓴 걸로 봐서는 그는 땅 읽기에도 능했던가 보다.

초당의 주인임을 드러내기 위해 자신의 성을 새긴 명문 '정석'은 초당 서측 후면 바위에 있다. '정丁'자 글씨에는 단아한 다산의 성품과 함께 비로소 자신의 거처를 마련했음을 대내외로 선포하려던 한 그의 기쁜 마음이 담겨 있다. 초당 동측으로는 원래 있던 못을 넓혀 방지를 만든 후 자연석으로 둘러 둥근 섬을 만들고, 바닷가에서 주워 온 기암괴석으로 세 봉우리로 된 '석가산'을 꾸몄다.

산 위 계곡에서 홈통으로 물을 끌어와 작은 폭포를 연출하고 못가에는 당귀·작약·모란·동청 등 약초와 화훼류와 화목을 심었다. 서측 비탈에 돌로 아홉 단을 쌓고는 층마다 갖가지 채소를 심었다. 초당 곁에 벌통을 두고 벌을 키우면서 벌과 나비의 생태를 관찰하는가 하면 화단에 백여 주의 작약을 심고는 꽃이 피고 지는 과정을 파란만장한 벼슬길과 비교하기도 했다.

이렇게 산속에 단출한 정원을 꾸미고서 다산은 자신이 만든 연못이나 화계만이 아니라 주위의 경치와 함께 백련사 혜장과 초의 등 선사와의 교류를 즐겼다. 그의 〈다산화사茶山花史〉와 〈다산팔경사茶山八景詞〉에는 초당과 주위 정경이 그림처럼 펼쳐져 있다.

화성 방화수류정

다산의 과학적 지식과 창의적 아이디어가 잘 발휘된 화성.
단순한 군사용 목적의 성이 아니라 정조가 꿈꾼 개혁이 담긴 신도시였다.
그러한 신도시에 걸맞게 빼어난 경관을 자랑하는 화홍문, 방화수류정과 용연은
다산의 심미적 감각이 잘 발휘된 현장이다. © 수원시청 제공

다산은 어릴 적에는 물론 나이가 든 뒤에도 고향 능내 근처 수종사를 자주 찾았다.
지금도 수종사에서는 북한강과 남한강이 합류하는 두물머리의 아름다운 풍경이 한눈에 내려다 보인다. ⓒ 윤병철 제공

다산초당의 방지원도와 화계 ⓒ 성종상 2006년 8월

다산초당과 백련사, 그리고 강진만

다산은 초당에 머물면서 자주 백련사 주지 혜장과 만나 교류하였고, 만덕산 자락이나 강진만 바닷가를 거닐며 산책을 즐겼다. 흥미롭게도 다산초당을 중심으로 한 이들 주변풍경은 제자 황상에게 준 답글로 설명한 그의 이상적 주거환경론에 묘사된 풍경과 꽤 흡사하다.
© 작도 정함익, 최유나

다산초당 전경

강진만이 내려다보이는 만덕산 기슭에 위치한 초당은 원래 귤정 윤씨의 산정(山亭)이었다.
다산이 강진으로 귀양 온 후 윤씨 자녀를 가르치면서 초대받아 머물게 되었다.
이곳에서 11년가량 지내며 연못을 정비하고 화계와 석가산을 조성하는 등 정원을 가꾸며 즐겼다.
산속 한적하고 조용한 곳에 머물며『목민심서』『경세유표』등 수많은 저술을 집대성할 수 있었다.
ⓒ 이동협

다산의 『제황상유인첩』에 나와 있는 내용을 토대로 작성해 본 정원 상상도

제자 황상에게 바람직한 거처로서 집과 정원의 면모를 자세히 설명한 글이니
다산이 쓴 의원기(意園記)라 할 수 있다.
© 정수진

초당 동편에서 본 강진만

다산은 이곳에서 강진 앞바다를 바라보며
흑산도에 귀양 가 있던 형 정약전을 그리워하곤 했다.
지금의 천일각 정자는 당시에는 없던 것을 근래에 지은 것이다.
바다 앞 농경지는 일제 이후 간척된 부분이니
당시에는 바다가 꽤 넓게 보였을 것이다.
ⓒ 성종상 2008년 8월

다산사경 중 하나인 정석(丁石)

초당 뒤 바위에 자신의 성씨를 새겼다.

일종의 영역 표시와 명명(命名/ 이름을 지어 부름)을 통한 의미 부여로 특화시킨 것이다.

© 성종상 2018년 8월

초당 안마당의 다조(茶竈)

다조란 차를 끓일 때 이용하는 부뚜막을 말한다.
자신의 호부터 다산으로 사용했던 정약용은 차를 직접 재배해 약으로 쓸 정도로 조예가 깊었다.
초당 주변의 경물을 노래한 시 〈다산사경첩〉에서 약천, 정석, 석가산과 함께
다조를 들고 있을 만큼 중요하게 여겼다.
ⓒ 이동협

초당 뒤편에 있는 샘 석천

한방에 조예가 깊었던 다산은 샘물을 약수로 간주하면서 찻물로 요긴하게 사용했다.

다산의 정원 생활 - 과학과 합리를 넘어선 공감각의 경험 세계

다산은 젊어서부터 주거 공간에 대한 관심이 각별했다. 지성과 감성을 두루 갖춘 그가 꿈꾼 이상적인 주거도 실용과 미, 기능과 멋을 고루 완비한 곳으로 묘사되고 있다. 다산이 꿈꾼 이상적 주거의 면모는 『제황상유인첩』(題黃裳幽人帖)과 『잡언송철선환』(雜言送鐵船還)이라는 두 개의 글에 잘 드러나 있다. 『제황상유인첩』(題黃裳幽人帖)는 강진 유배시절에 제자 황상에게, 『잡언송철선환』(雜言送鐵船還)는 73세에 자신을 방문한 대둔사 철선(鐵船) 스님에게 준 글이다. 각각 선비와 스님이 살만한 이상적 거처의 면모를 담고 있다.

두 글에 공통으로 언급된 정원의 구성으로는 산수가 아름다운 곳이라는 입지와 함께, 상하 두 개의 연못과 갖가지 꽃과 나무 정도가 언급돼 있을 뿐 의외로 소박하다. 흥미롭게도 그가 이상적인 주거로 묘사한 내용에는 집과 정원 등 공간 요소 이외에도 책, 문구류, 시와 그림 등의 요소, 그리고 친구나 이름난 승려, 그리고 부인과 같은 인문적 차원의 대상까지 포함돼 있다. 주거 공간의 구성뿐 아니라 생활방식과 공부, 그리고 교류하는 사람을 통해 견문을 넓히고 올바르게 수행하는 차원까지 함께 구비해야 비로소 바람직한 거처라고 할 수 있다는 것이다.

정원 생활을 통해 엿볼 수 있는 다산의 면모는 다양하다. 첫째, 그의 풍부한 식물학적 지식이 정원 만들기는 물론, 이용하고 감상하는 데에도 잘 표현돼 있다는 점이다. 다산은 수시로 텃밭의 중요성을 역설하면서 초화와 채소류, 화목과 과실류에 해박하고도 상세한 설명을 곁들이고 있다. 각 식물이 지닌 다양한 상징과 의미를 적절하게 동원해서 시나 글로 구사하며 즐겼다.

둘째, 다산은 공학적 지식까지 겸비하고 있었다. 다산초당에서 그는 세심한 땅 읽기를 통해 산지의 조건에 맞춰 직접 땅을 가꿨다. 경사지에는 단과 대를 지어 화계와 텃밭을 만들고 지대가 낮아 축축한 곳에 못을 파고는 홈통으로 물을 모았다. 실제로 그는 "일찍이

치산치수(홍수나 산사태를 방치해 수해가 없게 하는 일)에 관한 책을 읽어 돌계단 쌓는 법도 알고 있었다"고 고백했다. 셋째, 자원의 효율적 활용에 남다른 솜씨를 발휘했다. 다산은 곡산 관아에서 쓰고 남은 자재를 활용했다. 정자를 만들고 토사를 채취해서 움푹 파인 곳에 연못을 만드는 등 실용을 중시했다. 넷째, 정원가로서 다산은 남다른 감수성과 따뜻한 공감 능력의 소유자였다. 죽란시사(다산의 사모임) 친구들과 함께 서지에서 연꽃을 즐긴 방식인 청개화성(聽開花聲)은 그 좋은 예다. 여름철 새벽 서지에 작은 배를 띄워 연꽃 봉우리 가까이 다가가 귀를 대고는 눈을 감고 숨을 죽인 채 가만히 기다리다가 일출과 함께 연꽃 봉우리가 벌어지는 순간, 그 신비한 우주적 고요 속 소리를 즐겼다. 연꽃 봉오리가 살며시 터지며 내는 미성은 어스름한 새벽빛, 축축한 물 내음, 고요한 새벽 분위기와 함께 어우러져 내면 깊숙이 공명하였을 것이다. 섬세한 감수성이 없으면 즐기기 어려운 풍류다.

파초는 빗소리를 듣기 위함이며, 벽오동은 달빛을 받아야 그윽하다는 등 다산이 구사한 감각적 기법들 역시 비슷한 관점에서 해석이 가능하다.

그 외에도 잣나무를 한 방향으로 심어 대문 안이 훤히 보이지 않게 병풍 효과를 냈다.

다산은 또한 국화를 몹시 사랑해서 네 가지 다른 시간대로 나눠 감상 포인트를 제시하기도 했다. 여름철에는 싱그러운 잎을 감상하며 다른 식물이 시들어가는 가을에도 아름다운 꽃과 향기를 선사하는 국화를 사랑했다. 낮에는 국화의 자태를, 밤에는 그림자를 즐겼다. 〈국영시서〉(菊影詩序)라는 다산의 글에는 가을밤 흰 벽 앞에 국화 화분을 세워놓고는 촛불을 멀고 가깝게 비춰가며 벽 위에 어리는 국화 그림자를 감상하는 몽환적인 연출방식이 잘 묘사돼 있다. 열매도 맺지 않는 국화를 좋아하는 것을 의아해하는 지인에게 다산은 "먹을 수 있어야만 실용이 아니라 정신을 기쁘게 해서 뜻을 길러 주는 것도 가치가 있다"고 설득했다. 정원이 당장 손에 잡히는 실용성 없는 것처럼 보여도 정신을 길러주는 귀한 가치가 있는 곳이라고 강조한 것이다.

국영시서

다산이 즐겼던 국영시서를 최근 서울 통의동 〈보안여관 1942〉에서
차를 주제로 시연해 보인 적이 있다.
공간도 단아한 선비 방이 아니고 촛불이 아닌 조명으로 대체한 것이었지만
다산이 누렸던 풍류를 어느 정도는 실감해 본 기회였다.
ⓒ 보안여관 최성우

다산의 삶과 정원

수신修身과 강학講學의 산실産室로서 정원

다산에게 정원은 생애 주요 시점마다 각별한 의미로 자리매김했을 듯하다. 어릴 적에는 한강이 합류하는 경승지 능내와 인근 수종사에서 마음껏 노닐며 몸과 마음을 키웠고, 관직에 막 들어간 젊은 시절에는 정원에서 뜻 맞는 선비들과 함께 청운의 꿈을 키워나갔다. 이후 정조에게 발탁되어 타고난 재능을 한껏 펼치던 시절에도 정원은 그에게 특별한 경험을 선사해 주었다. 정조의 세심한 배려 속에서 창덕궁 후원에 특별히 초대받아 아름다운 부용지와 옥류천 구역 등에서 술과 시는 물론 활쏘기, 낚시, 말타기 등을 즐기며 당대 최고의 학자들과 지적 교류를 키워갈 수 있었다.

하지만 그의 삶에서 정원의 가치가 가장 빛났던 때는 아마도 갑작스러운 정조의 죽음으로 맞게 된 좌절과 유배 시기가 아니었을까. 호기양양 세상에 펼치던 뜻이 하루아침에 꺾였을 뿐아니라 사랑하는 형제 가족과 생이별한 슬픔까지 더해진 상태였다. 그때 기대하지 않은 초당을 얻었다. 덕분에 마음속 구상대로 연못과 화계를 꾸미고 시와 음악, 그림으로 한껏 즐길 수 있던 것은 큰 힘이 되었을 것이다. 특히 다산초당과 주변 풍광이 그가 수차례 밝힌 이상적 거처의 면모와 매우 흡사하다는 점에서 보면 그곳에서의 삶은 어렵고 힘든 처지에 처한 다산에게 어느 정도 이상의 위안을 주었을 것이다. 다산초당에서의 정원 생활이 있었기에 유배 속에서도 자신을 지키고 타고난 재능을 강학과 저술에 매진할 수 있게 되었을 것이다.

창덕궁 후원 부용지

다산은 정조가 주도한 창덕궁 후원에서의 여러 모임에 여러 차례 참여했다. 내원상조회(內苑賞釣會), 상화조어연(賞花釣魚宴) 등의 연회는 물론 강학과 시문 창작, 활쏘기 등 무예 단련까지 다양하게 펼쳤던 모임이었다. © 이동협

과학적 지식 탐구 및 실용의 장으로서 정원

실용을 중시했던 다산에게 정원은 단순히 보는 즐거움과 휴식을 위한 곳만은 아니었을 것이다. 평소 그는 두 아들에게 보낸 편지에서 선비로서 품위와 운치를 지키는 현실적 방편으로 생계형 원포(과실나무와 채소를 기르는 밭)를 가꿀 것을 권고하면서 영농기술을 상세히 설명하곤 했다. 벼농사는 물론 약초, 채소, 과수까지 재배를 권했다. 면화 · 삼 · 모시 같은 옷감 식물과 국화 · 연 · 미나리 같은 식물의 재배, 양잠 · 양계 같은 부업 활동, 소나무 · 버드나무 같은 식목 활동에 대해서도 조목조목 매우 구체적으로 언급하고 있다.

다산초당 주변의 풍경을 읊은 〈다산화사 20수〉에서는 15종의 식물을 차례로 노래하고 있다. 편지글이나 시로 미뤄 보면 다산이 과수나 농작물은 물론, 초화나 화목류 같은 식물재료에도 깊은 관심을 두고 세밀한 관찰과 실제 재배 경험을 통해 수준 높은 지식과 해박한 이해를 갖추고 있었다는 것을 확인할 수 있다.

나아가 농가나 전원에서 제멋대로 자라나는 화목이나 잡초, 심지어는 곤충과 같은 미물에 대해서도 시로 노래하기도 했다. 다산의 어원연구서 『아언각비雅言覺非』에는 이렇게 일상에서 접하는 대상에 대한 그의 각별한 관심과 과학적, 실천적 사고의 일면이 잘 드러나있다. 일상생활과 밀접한 것들 중에 어휘면에서 잘못 쓰이는 것들의 어원과 용법 등을 문헌고증을 통해 자세히 밝힌 책이다. 거기에는 수목명, 식물명, 곡물명도 포함돼 있어 식물에 대한 그의 관심과 지식수준을 짐작할 수 있다.

맑고 고상한 삶을 위한 요건으로서 정원

다산에게 정원은 맑고 고상한 삶을 유지하기 위한 필수요건이었다. 제자들에게 집 안팎에 과수원과 텃밭을 장만해서 과수와 채소를 기르며 자급자족할 것을 권했다. 청아한 삶을 지키는 일은 힘들지만 귀하다고 가르쳤다. 시장에 나가 집에서 기른 닭과 직접 짠 천을 팔려고 하면 고상함을 잃고 황폐해질 수밖에 없다면서, 먹고살기 위해 아등바등 사는 것을 경계하라고 가르쳤다. 제자들이 잘 알아듣도록 각각 벼와 연을 기르는 논과 못을 예로 들어 연이 자라는 못을 메워 논으로 넓히기보다는 논을 넓혀 못을 만들고 연을 기르는 것이 낫다고 했다.

쓰임새로 보자면 그 손익의 차이는 꽤 클지도 모른다. 하지만 다산은 논으로 넓혀 거둘 곡식보다는 연을 키우며 심성과 정취를 기르는 일이 훨씬 중요하고 그래야 비로소 삶이 깊어지고 여유로워진다고 한 것이다. 실용을 누구보다도 중시했던 다산이지만 삶에 있어서 맑고 고상한 격조와 운치만큼은 결코 양보할 수 없는 지고한 가치였다. 그에게 있어 정원은 선비로서의 품위를 지키는 삶을 위한 최소한의 요건이자 필수 현장이었던 셈이다.

초의 선사가 그린 다산초당도

초가지붕에다 높다란 석축 위아래로 두 개 연못이 있고
그 주변으로 복숭아와 붉은 꽃나무가 여럿 보인다.
아래쪽 계곡부에 능수버들 군락이 있는 등 지금과 다른 부분이 꽤 있다.
© 다산(백운첩)

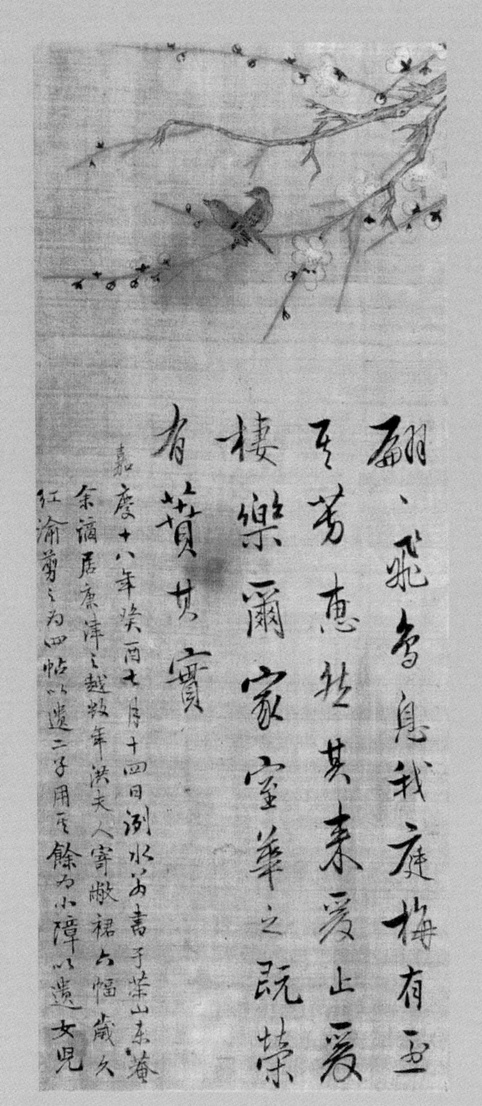

강진에서 귀양살이하는 중에 다산의 딸이 친구의 아들과 혼인하게 된 것을 기뻐하면서 그려준 화조도.
부인 홍씨가 보내준 색 바른 다홍치마를 곱게 재단하고서 그림을 그렸다.
© 고려대박물관

3

요한 볼프강 폰 괴테

요한 볼프강 폰 괴테(Johann Wolfgang von Goethe)는
독일의 시인, 극작가, 소설가, 과학자, 정치가, 극장 감독,
비평가이자 아마추어 예술가이며 현대의 가장 위대한 독일 문학 인물 중 한 명이다.
1749년 8월 28일 독일의 프랑크푸르트에서 태어나고
1832년 3월 22일 바이마르에서 사망했다.
괴테는 18세기 말과 19세기 초 인물로서
철학, 과학, 신학, 문학 등에 걸쳐 매우 영향력 있는 책을 썼다.
정부의 중요 고위 행정 직위를 맡았으며 시인으로도 명성을 떨쳤다.
그의 철학적 사상은 종종 실학 학파와 연결되며
저작으로는『파우스트』『젊은 베르테르의 슬픔』『빌헬름 마이스터의 견습기』등이 있다.

고요함 속에서 조용히 사색과 명상을 즐겼던 독일 최고의 문호_ **요한 볼프강 폰 괴테**

충동과 열정을 탁월한 성취로 이끌어내 준 그의 정원들

괴테 (1828년) © Karl Joseph Stieler

일름 공원옆의 괴테 정원집.

요한 볼프강 폰 괴테, 독일 최고의 대문호

독일 최고의 대문호로 불리는 요한 볼프강 폰 괴테(1749-1832)는 문학뿐 아니라 철학, 신학, 법학은 물론 과학, 지질학, 원예학, 광물학에도 해박했던 인물이다. 여덟 살에 시를 쓰고 열세 살에 시집을 낼만큼 재능을 타고나 소설, 산문, 희곡에 걸쳐 방대한 업적을 남겼다.

대학에서 법학을 전공한 후 변호사로 활동하기도 하고 바이마르 공국(公國)의 재상이 되어 정치가로서의 재능을 널리 떨치기도 했다. 튀링겐 지방 여러 숲을 찾아다니며 식물에 대해 깊이 연구한 식물학자였으며, 사람 앞니뼈를 최초로 발견한 비교해부학자로 이름을 알리기도 했다.

괴테는 20세기 이후 고전주의 미학에 근거한 조화와 완전성을 갖춘 인간상의 전형으로 알려져있다. 또한 불멸의 예술적 가치를 주창하는 선도적 문학사상가로, 자연을 객관화해 인간정신과 자연을 파괴해 온 근대 과학에 최초로 반기를 든 인문과학자로 평가된다. 그리스, 로마 이후 유럽 문명이 쌓아온 문화유산에 대한 진정한 가치와 지고한 인간성을 옹호하면서 서구 근대 과학이 간과한 인문정신을 주창한 선두주자로 간주된다.

분리되었던 동 · 서 독일을 정신적으로 융화하고 일치시키는 데에도 그의 작품에 깔려있는 휴머니즘이 중요하게 작용했다고 평가되기도 한다.

정원가로서의 괴테

일생동안 이룬 성취에 가려 잘 보이지 않는 듯 하지만, 괴테는 탁월한 조경가, 정원가였다. 흥미로운 점은 그는 개인 정원뿐 아니라 식물원, 공원 등 공공정원을 만드는 일에도 깊이 간여했다는 점이다. 하지만 일름강을 따라 자연풍경식 경관으로 조성한 일름공원(Park an der Ilm)과 예나 대학 식물원(Botanical Garden of Jena)을 제외하면 그가 직접 만든 것으로 알려진 것은 바이마르에서 살았던 두 집에 딸린 정원이 사실상 전부다.

일름공원은 아우구스트 대공과 건축가들과 함께, 그리고 예나 대학 식물원은 당시 식물학 교수와 함께 만든 것이다. 정원가로서 괴테의 면모와 체취를 제대로 엿볼 수 있는 곳은 바이마르의 두 정원이 대표 현장인 셈이다.

바이마르 시내에 있는 괴테와 실러(독일의 시인, 극작가) 동상

일름공원의 괴테 정원집

1776년 봄 괴테는 아우구스트 대공으로부터 작은 집(cottage house)을 선물로 받았다. 아우구스트 대공은 건물과 정원 개조비용까지 부담하며 물심양면으로 지원을 아끼지 않았다. 『젊은 베르테르의 슬픔』으로 일약 유명해진 젊은 괴테를 바이마르에 붙들어 앉히기 위해서 였다. 일름강변 언덕에 위치한 그 집은 포도밭에 딸려 있었다. 16세기에 건립된 것으로 규모는 크지 않으나 소박하고 운치가 있었다.

이주하자마자 괴테는 집과 주변을 자신의 설계대로 전면 개조했다. 거친 경사지를 정원으로 탈바꿈시키기 위해 좋은 흙을 싣고 와 채우고 꽃과 나무를 심었다. 경사를 따라 테

바이마르 일름공원에 있는 괴테의 정원

괴테를 붙잡기 위해 바이마르 공작이 시 외곽의 오래된 집을 구입해 선물한 집. 괴테는 그 집을 1년 남짓 수리하고 화단과 채소밭을 만들고 나서 자연 탐구와 식물 실험에 매진했다.

라스를 만들고 계단과 산책로를 만들어서 경사 수림지와 과수원, 텃밭으로 구획했다. 자신이 만든 정원과, 당시 시 외곽으로서 아름답고 풍부한 주변 자연환경을 한껏 즐기면서 괴테는 6년간 그곳에서 시를 짓고 그림을 그리며 살았다.

미식가였던 그는 정원에서 아스파라가스, 감자, 콩, 상추, 딸기 같은 싱싱한 먹거리를 얻었다. 접시꽃, 장미, 인동덩굴 같은 꽃을 심어 즐기기도 했다. 때로는 시 낭송이나 연극 리허설 같은 예술적 이벤트는 물론 다양한 사교활동도 열었다.

시가지 쪽에 위치한 연인 샬롯테 폰 스타인부인의 집을 멀리 바라보면서 이룰 수 없는 사랑에 애태우기도 했다. 달빛 어린 일름 강물을 보면서 쓰라린 마음을 달래곤 했던 것도 모두 이 집 창문을 통해서였다. 사랑의 열병과 감상에 흠뻑 빠진 괴테에게 정원과 일름강변의 풍요로운 자연환경은 큰 위안을 주었을 것이다. 그는 홀로 밤하늘의 별을 감상하는가 하면 때로는 당시로서는 극히 이례적 행동으로 밝은 달빛을 받으며 차가운 강물에서 벌거벗은 채로 수영을 즐기기도 했다. 그가 식물학적 지식과 함께 기상학 같은 자연과학에 관심을 키워 나간 것도 그곳의 정원 생활을 통해서였다.

일름 공원을 가로지르는 일름강변 산책로에서 본 괴테 정원집

ⓒ 성종상 2016년 10월

괴테의 정원집 정원 내 행운의 돌 조각

독일 최초의 비구상 조각으로 정육면체 위에 구를 올려놓은 형태다.
괴테가 이 조각을 정원 끝에 설치한 것은 샬로테 폰 스타인 때문이었다. 그녀의 집에서 이곳이 잘 보이게 만들어 사랑을 표시한 것이라고 해석된다.

ⓒ Klassik Stiftung Weimar

괴테의 정원집 정원 언덕의 쉼터

두 벤치 사이 옹벽에 부착된 석판에 괴테가 7세 연상 샬로테 폰 슈타인부인에게 바친 연시가 새겨져 있다. © 성종상 2016년 10월

괴테 정원집의 입구 문

바닥 포장 문양은 이탈리아 여행 중 폼페이에서 본 것을 참조한 것이다. © 성종상 2022년 8월

바이마르 시내의 괴테집 Goethe Residence in Weimar 현 국립 괴테 박물관

1792년 여름 괴테는 부인 불피우스와 아들 아우구스트와 함께 바이마르 시내에 있는 집으로 이사 했다. 그 사이에 식구도 늘었고 사회정치적으로 활동 영역이 확장된 괴테를 위해 아우구스트 대공이 시내에 더 큰 집을 또 마련해 준 것이었다. 이탈리아 여행을 통해 접한 르네상스식 건물에 대한 조예를 토대로 괴테는 자신의 취향에 맞춰 개조했다.

특히 그는 가구와 예술품의 배치, 벽면의 도색에 각별히 신경을 기울였다. 색채의 '감각-도덕적 효과'를 주창했던 괴테의 색채디자인 감각은 지금도 확인할 수 있다. 고대 이탈리아와 르네상스풍의 각종 가구와 예술품으로 장식된 방에서 괴테는 자연과학 강연회 등 다채로운 활동을 개최하곤 했다.

ㅁ자형 집 뒤쪽에 위치한 정원은 괴테가 1800년대 유행했던 코티지(시골에 있는 작은 집)와 음악회, 문학모임과 연극모임에 맞게 조성한 곳이다. 단정하게 정돈된 길로 정원을 5개의 구역으로 구분하고 감자, 꽃양배추, 아스파라가스, 아티초크 등 채소류를 심고 가꿨다.

화단가로는 벚, 살구 등을 심고 시렁(두 개의 긴 나무를 가로질러 선반처럼 만든 것)을 두어 포도를 길렀다. 눈에 띄는 수경 요소나 장식물도 별로 없는 정원이지만 그에게는 실용과 미적 감상의 장이면서 인식과 위로의 장이었다. 방문객이 넘쳤던 집안에서 벗어나 정원에서 조용히 휴식과 사색을 즐기곤 했다. 평생 자신을 극진히 내조했던 아내 불피우스와 함께.

바이마르 시내 괴테 집(현재 국립괴테박물관)에서 내다 본 광장

사교나 만남을 위한 방들은 모두 번잡하고 시끄러운 광장 쪽에 배치돼 있다.
© 성종상 2016년 10월

괴테 박물관 정원

괴테집에서 서재와 침실 같은 사적 공간은 대개 도시 광장 반대편 정원 쪽으로 접하고 있다.
공적 활동과 만남이 잦았던 괴테는 정원에서 자연과학에 관한 탐구에 몰두하거나
사색에 잠기기도 하면서 자기만의 시간을 보내곤 했다. © 성종상 2016년 10월

괴테 박물관 창문으로 내다 본 정원

© 성종상 2016년 10월

괴테 박물관 후면부 정원

소로 끝 빨간 벽돌집이 괴테가 전 세계로부터 수집한 화석, 광물 등을 보관하던 창고다.
© 성종상 2016년 10월

괴테 박물관 후면부 정원

괴테에게 정원은 단순한 휴식이나 보기 위한 것뿐 아니라
색채학, 식물학, 광학 등에 대한 관찰과 실험의 장이었다.
향신료와 양념류까지 포괄하는 건강한 식재료를 생산하는 실용원이기도 했다. © 성종상 2016년 10월

괴테 박물관 주노의 방(Juno Zimmer)

괴테 집에서 가구와 예술품의 배치, 벽면의 도색에 각별한 신경을 기울였던 그의 감각을 쉽게 확인할 수 있다. © 성종상 2016년 10월

프랑크푸르트 괴테 박물관 1층의 작은 정원

© 성종상 2016년 10월

괴테의 생가 Goethe-Haus in Frankfurt am Mine

괴테가 생애 대부분을 보낸 곳은 독일 중부 튀링겐(Thüringen)주의 작은 도시 바이마르(Weimar)다. 하지만 정작 그가 태어난 곳은 프랑크푸르트의 구시가지였다. 그곳에서 괴테는 독일인 특유의 엄격함과 진지함을 갖춘 아버지와 밝고 명랑한 어머니, 그리고 여동생 코넬리아와 함께 26세까지 살았다. 아버지가 왕실 고문관이면서 변호사였고 어머니가 시장 딸이었던 괴테는 어릴 적부터 유복한 환경에서 자랐다. 층마다 다양한 방으로 이뤄진 생가에서 괴테는 음악과 미술을 애호한 부모 덕분에 예술적 감수성을 기르면서 자랐다.

고전 양식의 조각물과 수경 요소를 구비한 정원은 집에 비해 상대적으로 작지만 정갈하고 아름답다. 3층 서재나 4층 집필실에서 창문으로 정원을 내려다보며 괴테는 『젊은 베르테르의 슬픔』, 『파우스트 1편』 같은 작품을 구상하고 글을 써 나갔다. 생가는 2차 대전 중에 거의 완전히 파괴되었던 것을 깨진 벽돌 하나하나를 맞추듯 복원해서 지금은 박물관으로 사용되고 있다.

예나 식물원 Botanischer Garten Jena

괴테는 1794년 예나대학 식물학 교수인 배치(Batsch)와 함께 아우구스트 대공을 오랫동안 설득한 끝에 16세기부터 존재하고 있던 왕실 소유의 약초원을 정식 식물원으로 개조, 설립하는 데 성공했다. 학술적 교육에 주안점을 두고서 식물종간 친화성에 따라 식물을 배치하면서 전체적으로는 식물계의 자연스러운 모습을 보일 수 있도록 구성했다. 그와 더불어 식물 종의 기원과 발달, 식물계의 다양성을 보여줄 수 있도록 종을 선정하고 심었다.

1817년부터 22년 사이에 300여 일 동안 괴테는 예나 식물원과 주변 자연이 주는 친밀함과 고요함 속에서 조용히 사색과 명상을 즐기기도 했다. 이즈음에 그는 단행본으로 출간한 유일한 시집이자 가장 방대한 시작품인 『서동시집』(西東詩集; West-östlicher Divan)을 완성했다. 지금도 이곳에서는 예나시의 가장 대표적인 행사로서 수천 명이 함께하는 정원 파티가 연 1회 펼쳐지고 있다.

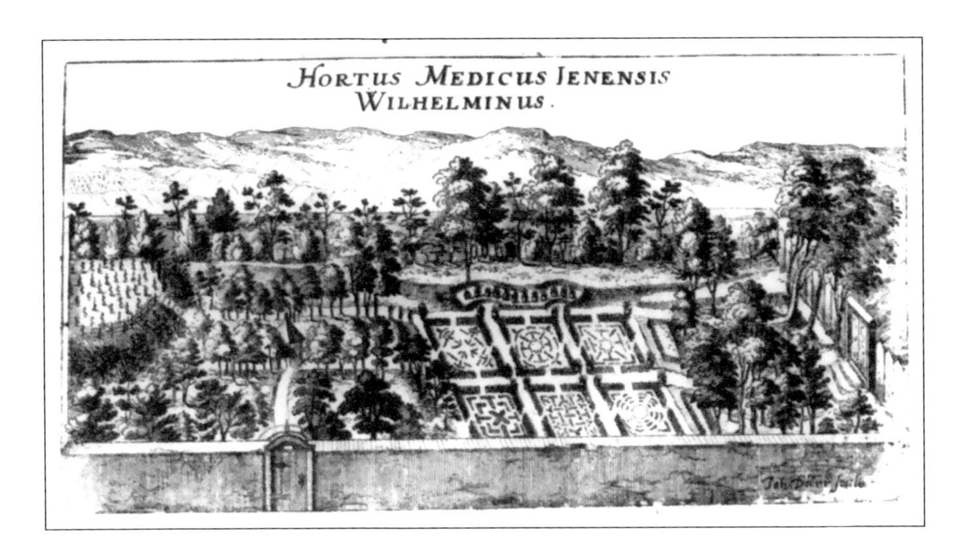

독일 예나 대학의 식물원

독일에서 두 번째로 오래된 식물원으로

괴테가 인접 옛 왕실 정원과 통합시켜 정비, 확장하고 식물연구소 설립을 주도했다.

Ⓒ Archiv Universität Jena

예나대학 식물원 구 식물검사소 건물과 피테 은행나무

피테는 이곳에 머물면서 식물뿐 아니라 자연과학, 예술, 고전에 관한 연구와 집필에 힘썼다.

19세기 초반 예나대학의 식물원 전경

피테는 아우구스 대공을 설득해 오래된 예나 식물원의 규모와 시설을 대폭 보강, 정비했다.

예나대학 식물원에 있는 괴테 은행나무

괴테는 은행나무에 관한 시를 쓰고 직접 심는 등 독일에 일본산 은행나무를

널리 보급시키는 데 크게 기여했다.

ⓒ 성종상 2022년 8월

일름공원의 로마집

바이마르 공국 칼 폰 아우구스트 공작이 사용하던 별장으로
괴테의 정원집과 마주 보이는 언덕에 있다. 괴테가 자신을 초대해 준
공작을 위해 로마 빌라를 모델로 설계한 것이다.

일름공원은 영국의 풍경식 정원 양식을 취해 매우 낭만적인 분위기를 자랑한다.
조성하는 과정에 괴테가 깊게 참여해 나름 최첨단 유행을 따른 셈이다.

일름공원의 로마집 그림

Georg M. Kraus 18C.

일름공원 Park an der Ilm

괴테는 정원뿐 아니라 공원을 만드는 데에도 관여했다. 바이마르시를 가로지르는 일름강을 따라 조성된 일름공원(Ilm park)은 괴테의 체취가 짙게 남아 있는 곳이다. 면적 48ha로 꽤 크기도 하지만 입지상 구시가지와 접해 있으면서 일름강을 따라 다른 공원녹지들과도 잘 연계돼 있다. 바이마르시를 대표하는 공원으로 예부터 많은 시민이 즐겨 찾던 공원이다. 원래 일름공원은 일부만 바로크풍 정원과 조형물이 아름다운 계곡부 경치 속에 놓여 있었을 뿐이었다. 전체적으로 야생에 가까운 자연경관으로 남아 있던 곳이었다.

영국에서 비롯된 정원혁명에 자극받아 괴테는 대공과 함께 1778년부터 당시로서는 첨단 양식인 영국 풍경식 공원으로 변화시켜 나갔다. 자연의 미와 예술은 통일돼야 한다는 신념을 공유하던 두 사람은 그곳의 야생 경관을 개선하기 위해 식재 패턴부터 바꾸면서 개조해 나갔다.

1768년 프란츠 폰 데사우 공작이 만든 뵐리츠 공원을 비롯해 영국 풍경식 정원 디자인에 영감을 받은 두 사람은 인공적인 폐허, 동굴, 조각, 자연스러운 계단과 산책로를 공원 속에 설치했다. 괴테는 픽처레스크(18C 후반 영국에서 유행한 회화적 풍경 양식의 미적 취향) 식으로 꽃을 심어 장식한 아름다운 산책로를 자기 삶에 찾아온 행운과 비유하기도 했다. 괴테가 후에 자신의 부인이 된, 꽃집 출신의 불피우스를 처음 만난 곳도 공원 내 산책길에서였다.

일름공원 로마집 창으로 보이는 괴테의 정원집

아우구스트 대공의 별장이었던 일름공원의 로마집에서는 공원 건너편 쪽에 있는
괴테의 정원집(점선부분)이 창문으로 조망된다. 그 같은 공원의 배치구도는
당시 두 사람의 친밀한 관계를 짐작해 볼 수도 있다는 점에서 흥미롭다.
Ⓒ 성종상 2022년 9월

일름공원 중앙을 길게 가로지르는 일름강변 산책로

거의 매일 피테는 점심 식사 후 일름공원 산책하기를 즐겼다. © 성종상 2016년 10월

로마집 1층 필로티 아래 분수 © Klassik Stiftung Weimar

괴테의 삶에 있어서 정원

괴테에게 정원은 그의 삶만큼이나 다양한 의미로 해석해 볼 수 있다. 인간과 자연에 관한 깊은 탐구와 성찰로 일관했던 그에게 정원은 휴식이나 감상을 위한 공간만이 아니었다. 감성과 이성, 예술과 과학의 조화를 좇는 삶의 실천 현장이었다. 그의 삶에서 정원이 갖는 의미는 대략 다음과 같이 정리해 볼 수 있다.

조화롭게 정돈된 자연으로서 정원

괴테는 정원을 조화롭게 정돈된 자연으로 간주했다. 원생 자연 그대로가 아니라 이성으로 절제하고 미적으로 조화를 이룬 곳이 정원이라고 했다. 정원을 자연과 인간 사이의 융합을 의미하는 상징적 대상이자 장소로 간주하였던 셈이다.

거칠고 불편하며 때로는 위험하기까지 한 바깥 자연과는 달리 정원은 한결 안전하고 쾌적한 상태에서 자연을 접할 수 있는 곳이다. 아름다운 꽃과 나무, 생각이나 상상을 길러주는 동굴과 조각물, 걷기 좋은 산책로와 편한 의자가 있는 정원은 순수하고도 근원적인 질서를 갖춘 자연을 제대로 체험할 수 있는 장소로 간주하였다. “자신을 관리하고 통제하는 일이 인생에 있어서 가장 위대한 또 하나의 예술”이라고 말한 그에게 정원은 충동과 열정을 다스리는 안식처였다.

인간의 정신활동과 예술 창조의 장으로서 정원

괴테의 작품 속에서 정원은 주인공들의 감정이 노출되고 교차하는 곳으로 묘사된다. 이것은 괴테가 가졌던 자연과 정원에 대한 생각과 관련 깊다. 괴테는 자연을 신의 섭리가 구현돼 있으면서 예술 창작의 원천적 힘이 내재한 곳으로 인식했다. 영감과 감성을 일깨우기 위해 그는 일메나우(Ilmenau)에 있는 키켈한산(Kickelhahn 861m) 정상부에 있는 오두막을 찾아 머물며 시를 짓기도 했다.

괴테에게 있어 정원은 문명화된 자연으로서 사색과 명상뿐 아니라 정신적 활동을 통해 예술을 창조하기에 적절한 곳이었다. 자신의 내면 뿐 아니라 외부세계를 깊숙이 이해하게 해주는 괴테의 작품에서 정원은 인간 내면과 자연이 조화롭게 만나는 접점으로서 중요한 의미를 갖는다.

사랑과 치유의 장으로서 정원

전 생애를 통해 번민과 고뇌, 열정으로 힘들 때마다 문학과 음악과 미술, 정원에서 위로와 안식을 구한 괴테. 괴테는 분명 그것들이 공통적으로 지닌 치유 효능을 잘 파악하고 있었던 것으로 보인다. 그에게 있어 정원은 인간의 순수 감정의 발로로서 사랑을 표출하거나 나누는 데 적절한 곳이었을 듯하다. 특히 꽃을 여성으로, 특별히 다치기 쉬운 여성에 비유했던 그에게 섬세한 감정을 주고받기에는 꽃으로 가득한 정원만 한 곳이 없었음 직하다.

그는 젊었을 때는 물론 만년에 이르기까지 파격적인 연애를 경험했다. 평민 처녀에서부터 귀족부인에 이르기까지 평생에 걸친 연애편력으로 당시 사회에 적지 않은 충격을 주었다. 그가 젊은 유부녀에게 사랑을 고백했던 하이델베르크성의 궁정 정원(Schlossgarten)에는 그의 기념비가 남아 있다. 사랑에 빠질 때마다 그는 쓰라린 경험으로 대작을 저술하곤 했는데 작품에서 꽃과 정원은 중요한 매개이자 무대였다.

자연 탐구의 장

역사나 철학에 관해서는 애써 외면하다시피 했던 괴테는 자연에 대해서는 특별한 관심을 가져 다방면의 관찰과 탐구 성과를 남겼다. '녹색의 자연과학'이라고도 불리는 괴테의 자연 연구는 노년에 더욱 깊어져 무지개의 법칙, 동물과 식물 형태학, 색채 이론 등에서 괄목할 만한 성과를 내기도 했다.

괴테는 기본적으로 보는 것에 기반해 자연을 탐구하고자 했다. 신체 감각의 경험에 입각하되 직관으로 깊이 들어가 개개 사물들을 전체적 연관성 속에서 파악하고자 했다. 다방면에 걸친 해박한 지식과 풍부한 감성으로 무한하고 변화무쌍한 자연 속에 존재하는 원리를 규명하려고도 했다. 분석보다는 바라봄으로, 자연을 생명감 가득한 유기체적 존재로 이해하려고 했다. 자연을 객관화하는 대신에 인간도 자연의 일부로서 깊은 상호 연관성을 지니고 있다고 여겼다.

그에게 정원은 식물 계통과 분류에 대한 지식을 쌓는 실험실이기도 했다. 바이마르의 괴테 집 정원에 있는 적벽돌 건물은 광물 위주의 자연과학 수집품을 보관하는 곳이었다.

피테는 바이마르 대공으로부터 일름공원 가장자리 집을 선물로 받은 후
곧장 건물을 개조하면서 경사지를 단과 계단, 길로 나눠 정원으로 조성했다.
위쪽 수림대로부터 과수원, 텃밭으로 공간을 구획하고
상추, 감자, 아스파라가스, 아티초크 등을 가꿨다. 사진의 잔디밭이 예전 텃밭이다. © 성종상 2022년 8월

맛과 건강에 좋은 먹거리를 자급자족하는 실용 정원

어릴 때부터 몸이 좋지 않았던 괴테는 건강한 먹거리에 관심이 많았다. 자신의 집 정원에 좋아하는 식재료를 직접 키워서 요리해 먹는 것을 즐겼던 것도 단순히 미식가이자 대식가였기 때문만은 아닐 것이다. 바이마르 정원집 텃밭에는 상추, 아티초크, 사탕무, 백색아스파라가스, 감자, 덩굴강남콩 같은 먹거리와 파슬리, 냉이류, 한련, 야생마늘 같은 양념류 식물이 재배되었다. 위쪽 과수원으로부터는 딸기, 포도, 사과 등의 과일을 즐겨 심었다.

대체로 그의 정원들이 식물학 연구를 위한 실험장이거나 건강에 좋은 식재료를 제공해 주는 텃밭이었다는 점에서 실용적 성격이 강했다고 볼 수 있다. 그에게 정원은 건강한 식생활에 직결되는 또 다른 경험의 장이었던 셈이다.

괴테에게 자연은 언제나 탐구 대상이었던 것에 반해 정원은 일상에서 더 쉽고 편하게 접할 수 있는 순화된 자연이었다. 사실 한 인간으로서 그만큼 호사와 영광을 누린 이도 별로 없을 것이다. 타고난 재능으로 누구보다 폭넓고 다방면에 걸쳐 활동했던 그의 생애에서 정원은 인간으로서 가장 순수한 감정을 한껏 확인하고 교감하는 장이었다.

"나는 체험하지 않은 것은 한 줄도 쓰지 않았다. 그러나 단 한 줄의 문장도 체험한 것 그대로 쓰지는 않았다"라고 토로한 걸 보면 그가 이룬 많은 성취 이면에 그 같은 진솔한 체험이 중요하게 작용했을 것이라는 점은 분명하다. 실로 괴테에게 정원은 삶과 사랑, 그리고 자연을 체험한 실체 현장이었다.

유용한 정보

바이마르 일름공원 Ilm park, Weimar

독일 튀링겐 바이마르에 있는 풍경식 공원이다. 18세기에 괴테의 영향 아래 만들어진 이후 현재까지 많은 변화 없이 잘 보전되고 있다.

18세기 후반에서 19세기까지 바이마르 고전주의 운동 기간 중에 유럽의 새로운 문화 중심지로서 바이마르의 역사적 중요성을 증명하는 현장으로 평가된다. 1998년 바이마르 고전주의 세계유산으로 선정되었다.

주소	Ilmstraße, 99423 Weimar, 독일
운영시간	24시간 오픈
입장료	무료
전화	+493643545400

ⓒ 성종상 2022년 8월

바이마르 일름공원 옆 괴테 정원집 Gartenhaus

괴테의 바이마르 첫 거주지로 괴테는 이 집을 소유함으로써 바이마르 시민권을 얻을 수 있었다. 1776년 바이마르 공국 칼 아우구스트 대공으로부터 집을 받자마자 그는 실내 개조와 함께 정원 만들기에 착수하여 비탈 지형에 따라 숲, 과수원, 텃밭으로 구획했다.

이후 시내 큰 집으로 이사 가고 나서도 괴테는 6년간 거주했던 이곳을 매우 좋아하여 개인적 용도로 자주 이용했다. 1998년 클래식 바이마르의 일부로서 세계유산에 등재되었고 현재 실내에는 과거 괴테가 사용하던 가구들이 거의 그대로 전시돼 있다.

주소 Goethes Gartenhaus, Park an der Ilm 99423 Weimar

운영시간 여름(3월 21일부터 10월 말까지) : 화요일부터 일요일까지 오전 10시 - 오후 6시
겨울(11월 초부터 3월 20일까지) : 오전 10시 - 오후 4시(주말, 공휴일, 튜링 학교 휴일에만)

입장료 6.5유로 전화 03643 545 400

홈페이지 https://www.klassik-stiftung.de

괴테 정원집 배치도

괴테는 아우구스트 대공으로부터 일름공원 가 옛농가를 받고서 주변 경사지에다 계단과 단을 지어서 숲-과수원-텃밭으로 이어지는 정원으로 조성했다. 나중에 대공으로부터 시내집을 받아 이사한 후에도 괴테는 일름 공원 정원집을 그대로 둔 채 혼자 조용한 시간을 보내는 등 개인적인 용도로 활용하였다. © 작도 김준현

바이마르 시내 괴테집 Goethe Residence

사회적인 교류와 활동 폭이 커진 괴테를 위해 1782년 바이마르 대공이 두 번째로 선물한 집으로 크고 적절한 공간 규모를 지닌 시내 쪽 집이다. 이곳으로 이사한 후에도 정원집을 특별히 애호해서 방해받지 않고 조용히 사색하거나 글을 쓰는 장소로 활용했다.

시내 광장 쪽으로는 건물 3채(2층)가 연결돼 가로 벽을 이루고 있으며 반대쪽에 정원이 조성돼 있다. 괴테가 거의 50년간 살았던 집으로 세계유산에 포함돼 있으며 현재 괴테국립박물관으로 운영 중이다. 괴테의 원고, 그가 평생 수집했던 그리스와 로마 예술품, 그림, 과학 소장품 등이 실내에 전시돼 있다. 일름공원 정원집과는 도보로 10분 정도 거리다.

주소	Frauenplan 1, Weimar, South East, Germany, 99423
운영시간	9시 - 18시 (11월 - 3월은 16시까지) 토요일 개장은 19시까지 (4월 - 9월)
입장료	성인 €10.00/할인 €7.00/학생(16-20세) €4.00 Kombi-Ticket Moderne €12.00/ 16세 미만 어린이 및 청소년 무료
홈페이지	https://www.klassik-stiftung.de/

괴테 시내 집(현 국립괴테박물관)
가족이 늘고 사회활동이 증가하게 된 괴테를 위해 아우구스트 대공이 시내에다 마련해 준, 더 큰 집이다. 시내 광장 쪽으로는 응접실, 전시실 등이, 그 반대편으로는 침실과 서재 등 개인적인 공간으로 배치되어 있었고, 그 바깥에 정원이 조성되어 있다. © 작도 김준현

4

퇴계 이황

퇴계 이황은 조선 중기의 문신, 학자다.
일찍이 문과에 급제해 관직에 진출했지만, 을사사화 이후
고향에 은거하며 학자의 삶을 살았다.
율곡 이이와 함께 조선의 대표적인 성리학자로 꼽히며
이황의 저술 중 일부를 임진왜란 당시 일본군이 약탈해 갔는데,
일본 성리학 발전에 영향을 주기도 했다.
『주자대전』 등 주자학 관련 서적을 주해·편찬하고 후진을 양성에 힘썼다.
대표 저서로 『퇴계문집』과 『성학십도』등이 있다.

태어난 지 오십 년 만에 이제야 겨우 반 쪽 집을 지었네

외진 곳에 있으니 찾아오는 이 드물고 산 깊어 해 빨리 져서 쉬이 저녁 된다네_**퇴계 이황**

퇴계 이황 © 한국은행

최근 복원된 계상서당

퇴계가 생을 마칠 때까지 아끼며 머물렀던 곳이나 건물만 덩그러니 서 있을 뿐
퇴계가 직접 조성해 즐겼던 방지, 육우원, 석문 등의 정원과 주위 경물은 짐작조차 하기 어렵다.
ⓒ 성종상 2017년 10월

퇴계 이황, 한국 역사상 최고의 철학자이자 시인

조선 유학자 중 단연 최고 인물로 꼽히는 퇴계 이황(1501-1570)은 평생 자연과 함께 한 철학가이자 시인이었다. 어릴 적에 잠시 숙부에게서 배운 것 말고는 독학으로 학문을 깨우친 그는 큰 선생을 만나지 못한 것을 아쉬워하다가 주자(1130-1200, 주자학을 집대성한 중국 송대의 유학자)를 평생의 스승으로 삼고자 했다. 왕의 부름을, 백번을 훌쩍 넘길 정도로 받고도 절반 이상이나 고사하면서 벼슬길 대신 자연과 함께 사는 삶을 택했다.

그에게서 산수는 책과 더불어 평생의 교과서나 다름없었다. 철저한 절제와 몸에 밴 근면으로 일관된 그의 삶은 자칫 궁핍해질 수도 있었다. 하지만 아름다운 산수를 가까이하면서 학문적 경지는 물론 문예적 지평까지 최고 수준에 도달시킬 수 있었다. 그리 길지는 않지만, 벼슬도 여러 차례 지냈고 물려받은 재산도 넉넉한 편이었지만 퇴계는 평생을 검소하게 살았다.

여러 번 이사로 집을 지었지만 1칸 남짓 방에 소박한 가구로 일관했다. 그러면서도 자연환경만큼은 면밀히 따져 반드시 아름다운 산과 물 가까이에 터를 잡곤 했다. 수려한 산천 속 한적한 들과 고요한 물가에 머물며 번화한 환경의 유혹에서 벗어나 한가하게 쉬며 정서를 함양했다. 그렇게 산수 자연과 친화하면서 마음속에서 오르는 감흥을 아름다운 시로 표출해 내었다. 그는 평생 2,000여 수가 넘는 시를 지었다.

도산서당 마루에서 본 낙동강

퇴계는 낙동강 변 작은 계곡부 산기슭에서 강이 내려다보이는 3칸 규모의 도산서당을 지었다. 멀리 보이는 강줄기 끝 지점에 퇴계가 존경했던 농암 이현보(조선 중기 문신)가 살고 있었다.
© 성종상 2021년 11월

풍경철학자 혹은 정원가 퇴계

사실 물적 차원으로만 보면 퇴계가 만든 정원은 별로 주목할 만한 게 없다. 규모도 작고 특별히 볼만한 요소가 있는 것도 아니다. 이사 가는 곳마다 정원과 연못을 만들기는 했지만, 규모도 작고 형태도 단순했다. 그 외 조경이라고 해도 단을 만들어서 소나무, 대나무, 매화, 국화 등을 심었을 뿐이다. 산수가 아름다운 곳을 택하되 집은 최대한 작고 소박하게 지었다. 방은 대체로 1칸, 혹은 커봐야 2칸을 넘지 않았고 마루는 그보다 넓으면서 주변으로 열린 구조를 취했다. 최대한 주변 정원 혹은 자연에 개방되도록 해서 쉽게 교감할 수 있도록 한 것이다. 한결같이 집은 작고 소박하게, 그러면서 주변 산수에 열린 관계를 취하도록 만들며 수시로 자연과 만나곤 했다.

퇴계의 삶에서 정원가로서의 면모를 찾아보기란 그리 어렵지 않다. 새로 집을 지을 때마다 그는 땅 읽기를 통해 산과 물이 어우러진 곳을 찾았다. 주변의 깊은 소(沼)나 여울, 언덕과 바위를 찾아내 이름을 짓고 즐겼다. 강가 언덕에 경관 감상용 대를 만드는 일로 서당 만들기를 시작했다는 점에서 그의 조경가적 사유 세계를 짐작할 수 있다. 자연 속에 최소한의 힘으로 대를 먼저 쌓고 수시로 산책(遊)하면서 그 땅을 한껏 온몸으로 읽어낸 후에야 비로소 집을 짓기 시작했다. 이후 연못과 정원들을 함께 만들어 나갔다. 퇴계는 집(건물)-정원-자연으로 이어지는 관계를 간결하면서 친밀하게 구성했다. 도산서당의 경관은 마루 암서헌에서부터 정우당, 유정문, 절우사, 몽천 등의 근경과, 곡구암을 지나 천연대와 천운대를 위시한 중경, 그리고 낙천과 건너편 들, 산을 바라보는 원경으로 확장된다. 그런 경관 구도는 가히 드라마틱하면서도 유기적이다. 정우당 연못으로 경계를 취하면서 시선은 그 너머 산과 강으로 열리도록 한 것이나, 천연대와 마주보는 지점에 천광운영대(天光雲影臺, 천운대)를 만들어 도산서당과 삼각형을 이루게 했다. 이것으로 안정된 공간구도가 유지되도록 만든 것을 보면 퇴계의 풍경 철학자적 면모를 읽어낼 수 있다.

착공 당시 한양에서 벼슬 중이던 퇴계는 직접 구상한 설계도 옥사도자(屋舍圖子)를 보낼 정도로 도산 서당 짓기에 깊이 관여했다.

겸재 정선(조선후기 화가)의 계상정거도 (溪上靜居圖)〉

겸재가 1746년, 퇴계 사후 170 여 년이 지난 시점에 도산서원을 방문해
주변 풍경과 함께 그린 그림으로 천 원짜리 지폐에도 담겨 있다.
좌우의 천연대와 천운대가 강조돼 있고 안쪽 작은 골에 놓인 서당에 앉아있는 퇴계를 그려 넣었다.
겸재는 '시냇가 위에 고요히 머무는 삶'을 묘사하고자 했다

© 삼성문화재단

퇴계의 대표 정원들

평생 여러 차례 이사를 다닌 퇴계는 가는 곳마다 정원을 만들고 즐겼다. 정원이래야 결코 크지도 화려하지도 않았다. 어떻게 보면 정원이라고 하기조차 어려울 만큼 소박한 수준이다. 하지만 그는 일관되게 연못과 샘을 파고 정원 식물을 심고 가꾸기를 반복했다.

한서암 앞에 만들었던 몽천은 계상서당과 도산서당에도 다시 만들어졌다. 원형에 가까운 한서암 연못 광영당(光影塘)은 계상서당에서는 직사각형의 연당으로, 도산서원에서는 정방형의 정우당(淨友塘)으로 반복됐다. 양진암의 텃밭 채포(菜圃)는 한서암에서 오이밭(瓜田)으로 대치되었고, 계당 위의 임성대(臨省臺)는 도산서당에서의 천연대(天淵臺)와 천광운영대(天光雲影臺)로 재현됐다. 또 한서암에서의 소나무, 대나무, 매화, 국화, 오이는 계상서당에서 소나무, 대나무, 매화, 국화, 연꽃과 자신을 포함한 육우원(六友園)으로, 그리고 도산서원에서는 소나무, 대나무, 매화, 국화로 이뤄진 절우사(節友社)로 탈바꿈돼 등장하고 있다.

심지어는 한서암의 사립문이 계상서당에서는 석문으로, 도산서당에서는 곡구암과 싸리로 만든 유정문으로 대치돼 구성되었다. 거처를 마련한 시기별로 사정에 따라, 그리고 해당 터의 조건에 따라 세부 정원의 면모나 요소를 다르게 했으니 나름 여건에 맞춰 정원을 설계해 조영한 셈이다. 정원과 관련해서 주목할 만한 퇴계의 거처와 정원의 면모는 다음과 같다.

한서암 寒栖庵

50세 되던 해 봄에 퇴계는 고향집 앞을 흐르는 냇물 토계(兎溪/ 경북 안동시 도산면의 작은 하천) 서편에 작은 집을 짓고 한서암이라고 이름 지었다. 풍기 군수직을 그만 두고 고향으로 돌아온 다음해로서 다섯 번이나 거처를 옮겨 다니다가 마침내 마음에 드는 곳에 집을 마련한 것이다. 퇴계는 그곳을 '골짜기 바위 사이에다 맑은 시내 서쪽이고 암석과 벼랑 앞 물이 잔잔히 흐르며, 집과 사립문이 숲에 가려진 푸른 시냇가'라며 흡족해했다.

북쪽 개울 깊은 여울을 장명뢰(鏘鳴瀨), 그 아래 물가 암석은 화암대(花岩臺), 남측 산기슭 샘을 몽천(蒙泉), 동쪽 바위는 고등암(古勝岩), 그 위 바위는 임성대(臨省臺)라고 이름 지었다. 산, 계곡, 바위, 시냇물 등 자연경관이 좋은 곳을 발견해서 거처로 정하고는 마음으로 교감할 만한 자연경물을 찾아내 즐긴 셈이다.

한서암에 그가 직접 만든 정원 요소로는 원형에 가까운 연못 광영당(光影塘)이 사실상 전부고 그 외 소나무, 대, 매화, 국화, 오이 등과 함께 길을 따라 버드나무를 심었을 뿐이다. 한서암은 계장(溪庄, 냇가에 지은 작은 집), 계사(溪舍, 개울가 집), 서재(西齋, 서쪽 집), 혹은 퇴계 초옥(草屋, 띠집)으로도 불린다. 퇴계는 그렇게 한서암을 마련하고 난 감회를 시집 『화도집이거운』에서 토로한 바 있다.

계상서당 앞을 흐르는 토계

여러 번 이사를 다닌 퇴계가 마련한 집터는 거의 모두 이 개울가 주변에 위치한다.
태어나서 세상을 뜰 때까지 그는 삶의 대부분을 고향집 앞을 흐르는 토계와 함께했다.
ⓒ 성종상 2017년 10월

나 태어난 지 오십 년 만에

我生五十年

이제야 겨우 반 쪽 집을 지었네

令有半成宅

외진 곳에 있으니 찾아오는 이 드물고

地僻人罕至

산 깊어 해 빨리 져서 쉬이 저녁 된다네.

山深日易夕

〈화도집이거운 和陶集移居韻〉 중 1수 부분

계상서당 溪上書堂

퇴계는 한서암을 지은 지 1년도 채 안 돼 개울 건너 북쪽 작은 계곡부로 옮겨 지었다. 원래 자리 곁의 서가(西家, 서사)는 방 2칸에 부엌 1칸이라 너무 크다고 생각해서 큰아들 내외에게 물려주고 한서암만 옮겨 지은 것이다. 서재와 서당을 겸했다고 하지만 방과 마루가 각 한 칸밖에 안 되는 작은 집이었다. 그러니 제자 중 일부는 근처에 작은 집 계재(溪齋, 계상서재, 계남서재, 계남재)를 짓고 따로 상주하기도 했다. 외나무다리로 개울을 건너 계당에 오르는 길목에 석문을 만들고 네모난 연못(方塘)도 팠다. 한서암에서와 비슷하게 소나무, 대, 매화, 국화, 연을 심고는 자기를 곁들여서 육우원(六友園)이라고 칭하고는 깨끗함과 절개를 실천하고자 했다.

초창기에는 온돌조차 없고 돌 평상과 부들자리만 깔 정도로 초라한 곳이었지만 퇴계에게 있어서 계당은 각별한 의미를 지닌 곳이었다. 존경하던 농암 이현보(1467-1555)가 찾아와 학문과 함께 덕을 나눈 곳이기도 하고, 35세나 아래인 율곡 이이(1536-1584)가 찾아와 학문의 도리를 배우고 간 곳도 계당이다. 비록 산골 작은 초당이기는 하지만 당대의 대석학들이 만나 세대 차를 뛰어넘는 강학과 토론을 펼쳤던 곳이다.

계당을 마련한 지 약 10년 뒤 도산서당이 완공된 이후에도 퇴계는 겨울철 등 특별한 때가 아니면 주로 계당에 지내면서 걸어서 왕래했던 걸로 알려져 있다. 그가 임종을 맞이한 곳도 계당이었으니 퇴계는 평생을 자신의 고향집 앞을 흐르는 토계를 오르내리며 살았던 셈이다.

계당은 작은데다 비바람을 피하기도 어려울 정도로 열악한 곳이었다. 게다가 터의 형세가 좁고 너무 한적한 곳이어서 가슴을 넓히기에 적당하지 않았다. 당시 전국에서 몰려들기 시작한 제자들을 수용하기에는 계상서당이 너무 작고 허름했던 것도 직접적인 계기로 작용했을 것이다.

할 수 없이 옮길 만한 터를 물색 중이던 퇴계는 제자들의 간청을 받아들여서 지금의 도산서당 자리로 옮기기로 했다. 처음 찾아가 본 퇴계는 그 땅과 주변 풍광이 매우 마음에 들었던 것으로 보인다. 좌우로 영지산 산줄기로 감싸여 골은 깊숙하면서 아늑하고, 앞으로는 강과 들이 내려다보이며 멀리 틔여 있어서 조용히 마음을 가라앉히고 공부하기에 최상의 장소였다.

영지산과 낙동강, 그 앞의 너른 들이 이루는 지형지세와 형국의 짜임이 잘 어울린 명당인 셈이다. 산수가 잘 짜였으니 연중 접하는 경치와 자연현상도 다채롭다. 퇴계는 그곳에서 맛보는 계절감을 "산새가 즐거이 노래하고[봄], 초목이 무성하게 우거지며[여름], 바람과 서리가 차갑고[가을], 눈과 달이 얼어 빛[겨울]난다"고 하면서 흡족해했다.

도산에 터를 잡고서 가장 먼저 퇴계가 한 일은 낙동강가 높다란 절벽 위에 창랑대(滄浪臺, 후에 천연대天淵臺로 이름변경)를 쌓은 것이었다. 3년 뒤 퇴계는 계곡 안 동측 언덕 위에 남향으로 서당 건물을 지었다. 건물이래야 방과 마루 각 1칸에 부엌이 딸린 3칸짜리 작은 집이었다. 그나마 규모가 제일 큰 마루는 2면이 열려 있고 방도 들창문을 들어 올리면 마루와 열리게 되는 개방형 구조다. 이어서 퇴계는 곧바로 정원을 만들고 경관을 지어 나갔다. 서당 동측 모퉁이에 작은 방지를 파고 연을 심어 가꿔 정우당(淨友塘, 깨끗한 친구)이라 하고, 그 동쪽 아래에 샘과 우물을 파고는 몽천(蒙泉, 몽매한 제자를 깨우치는 샘), 열정(冽井, 찬 우물)이라고 이름 지었다.

산기슭에 평평한 단을 만들고는 매화, 국화, 대, 소나무를 심어 절우사(節友社, 절개 있는 벗)

도산서당 앞 방지 정우당

크기도 작고 연꽃만 심겨 있을 뿐 특별한 거라고는 찾기 어렵지만
퇴계는 매일 수면을 바라보며 이치를 깨닫고 내면을 성찰하고자 했다.
퇴계 정원의 핵심 요소다.
ⓒ 성종상 2017년 10월

라고 하고 그 남측에 작은 텃밭도 마련했다. 천연대와 마주보는 낙천 서측에 대를 쌓아 천광운영대(天光雲影臺, 천운대)라고 하고 강과 들판을 즐기는 장소로 삼았다. 그 외에도 주변의 자연지세와 경물을 찾아내 동취병(東翠屛, 동쪽의 푸른 병풍), 서취병(西翠屛), 곡구암(谷口巖), 탁영담(濯纓潭, 깨끗하여 갓을 씻을만한 깊은 물, 세상에 나갈 준비를 함), 반타석(盤陀石, 편평한 바위) 등으로 의미를 부여하며 즐겼다.

도산서당 정우당과 절우사

서당 앞마당 끝에 못을 파고 연꽃을 심어 정우당이라고 이름 짓고,
담 밖 도랑 건너 언덕 기슭에 매화, 대, 소나무, 국화를 심고는 절우사라 명명했다.
작지만 단정한 연못을 맑고 깨끗한 친구로 삼고, 나무 몇 그루만 심고서는
절개를 지키는 친구 모임으로 간주하며 즐겼다.
ⓒ 성종상 2017년 10월

도산서당 앞 천연대 아래의 탁영담

낙동강은 안동댐으로 수위가 당시보다 높아졌다.
하지만 천연대 아래는 지금도 물이 맑고 깊어 퇴계가 즐긴 탁영담의 정취를 맛볼 수 있다.

도산서당 앞 낙동강 변의 곡구암

예전 도산서당으로 진입하던 주요 경로는
예안에서 분천마을을 거쳐 낙동강 서측 기슭을 따라 걷다가
작은 산 입구를 돌면서 곡구암으로 오르는 코스였다.
곡구암은 70년대 초에도 이미 반쯤 묻힌 상태였다.
Ⓒ 이동구 1973년

퇴계는 도산서당을 짓기로 마음먹고서
낙동강을 내려다보기 좋은 자리에 건물보다 훨씬 먼저
터를 고르고 천연대라고 이름 지었다.
건물을 짓기 전부터 땅의 풍광을 읽고 즐기기 시작한 것이다.
Ⓒ 성종상 2017년 10월

도산서당 맞은편의 시사단

정조의 명으로 1792년 퇴계를 기리는 뜻에서 특별 과거를 실시한 것을 기념해 세운 비각이다.
안동댐으로 수몰하게 되자 비각만 10여 미터 높여 이전해 둔 상태여서 어색하기 짝이 없는 경관을 보여주고 있다.
© 성종상 2017년 10월

옛 시사단 터 주변 풍경

안동댐이 들어서기 전에는 강 건너편에 송림과 숲이 너른 하천부지를 덮고 있어서
많은 이들이 배를 타고 오가며 즐기곤 했다. © 이동구 1970년 초

천광운영대 쪽에서 낙동강 하류 쪽으로 바라본 풍경

산이 길게 굽이도는 끝 지점에 퇴계가 존경했던 농암 이현보(조선 중기 문신)의 애일당과 분천서원이 있었다. 지금은 강 상류로 이전돼 있다.

© 성종상 2017년 10월

도산서당 아래에서 본 낙동강 일몰

© 성종상 2021년 11월

퇴계의 삶과 자연, 그리고 정원

요약하자면 퇴계의 자연관은 긴수작(緊酬酌, 어려운 학문적 행위) 혹은 한수작(閒酬酌, 취미나 놀이 같은 한가한 행위)으로 설명할 수 있다. 퇴계의 삶에서 자연은 크게 두 가지 의미를 지녔던 것으로 보인다. 하나는 옛 성현의 삶을 본받으며 살아가기 위한 필수요건[긴수작]이며, 다른 하나는 유식(遊息), 곧 즐기기 위한 매개[한수작]로서의 의미다. 그에게 있어서 자연은 유가로서 학문을 배우고 실천하기 위한 필수요건이었다. 자연을 찾는 까닭은 가슴을 열고 정신을 맑게 해 성정을 기르기 위해서였다. 이것은 곧 학문의 깊이를 더하는 데 기본 바탕이 되었다.

나아가 아름다운 산수를 접하면서 세속적 욕망과 갈등에서 벗어나 맑고 고결한 삶의 가치를 찾고자 했다. 그가 평생을 토계(兎溪)와 낙천(洛川, 낙동강)가에서 살기를 고집한 것이나, 부단히 청량산을 찾아 오르기를 원했던 것도 그런 까닭이었다. 이 점은 약 두 세기 후에 이중환(1690~1756)이『택리지』에서 '산수는 정신을 즐겁게 하고 성정을 맑게 해주기 때문에 거주지 가까이에 이런 산수가 없으면 사람들이 거칠어진다.'고 다시 확인해 주고 있다.

자연법칙으로 이뤄진 미학적 장으로서 자연은 퇴계에게 심미의식을 체험하고 즐기는 장이기도 했다. 퇴계는 어렵고 유쾌하지 못한 공부만을 하기(긴 수작)보다 한가하게 쉬면서 정서를 함양(한 수작)할 필요가 있다는 점도 함께 강조했다. 휴식과 정서 함양을 위해서는 산수에 노니면서 감성을 기르는 것이 중요하다고 말했다. 그가 수려한 산천 속 한적한 들과 고요한 물가에 머물며 번화한 환경의 유혹에서 벗어나 덕을 쌓고 인을 익히는 즐거움을 찾으려 한 것도 그런 맥락으로 이해할 수 있다.

낙동강변의 예던길

예던길은 퇴계가 생전에 청량산을 오가며 걷던 길이다. 예(曳)란 '끌다', 고달프다'라는 의미다.
그만큼(깊은 생각에 잠겨 발을 끌듯이) 고심하며 걸어 다녔음을 뜻한다.
실제로 이 길은 당대는 물론 후대에도퇴계를 따라 수많은 선비가 무수히 걸어 다녔다.
ⓒ 성종상 2017년 10월

퇴계는 어릴 적부터 낙동강을 따라 오르내리며 생각을 키우고 시상을 다듬었다.
멀리 보이는 산이 퇴계가 우리 집 산(五家山)이라고 하며 아꼈던 청량산이다.
ⓒ 성종상 2017년 10월

퇴계가 어릴 적 숙부에게 공부하러 다녔던 청량정사
후에도 그는 이곳을 자주 찾아 공부하고 시를 짓기도 했다.
그의 대표작 중 하나인 시조 〈도산십이곡〉을 지은 곳이기도 하다.
© 성종상 2021년 11월

퇴계가 걷던 예던 길의 절경 중 하나인 고산협곡

퇴계 제자 금난수(1530-1604)가 세운 정자 고산정이
우측 절벽 아래 낙동강을 내려다보는 지점에 자리잡고 있다. ⓒ 성종상 2017년 10월

청량산에서의 원경

멀리 보이는 낙동강 줄기를 따라 퇴계는 청량산을 무수히 오르내렸다. ⓒ 성종상 2017년 10월

맑고 선한 품성을 기르는 장으로서 정원

퇴계의 삶에서 정원은 단순한 완상이나 휴식처 이상의 의미를 가진 것이 확실해 보인다. 연못은 보고 즐기기 위해서만 아니라 자신을 비춰 보는 마음의 거울이기도 했다. 소나무, 대나무, 매화, 국화나 연꽃은 절개를 지켜 나가는데 필요한 정신적 동지 같은 존재였다. 고향에서 조용히 살면서 착한 사람을 많이 길러내어 세상의 기강을 바로잡는 것에 삶의 목표를 정한 퇴계는 건축뿐아니라 정원과 주변 자연환경 조건까지 포함해 학문 연구와 교육을 위한 공간으로 서당을 조성했다.

주목할 만한 것은 서당 건물은 방과 마루가 각 한 칸밖에 안 될 정도로 작게 지은 대신에 연못과 샘, 정원은 필수 요소로 갖췄다는 점이다. 그는 소나무, 대, 매화, 국화, 연을 기르며 그 의미를 취하고 일상적으로 즐기게 했다. 이는 마치 토머스 제퍼슨이 고등교육기관으로서 대학 캠퍼스 설계에 정원을 각별히 중요한 요소로 도입하고는 정원일을 강조했던 것과 유사하다. 퇴계가 즐긴 정원 요소는 많은 부분 주자의 전례를 따른 결과로 성리학적 의미에 더 방점을 둔 것은 맞다. 그러나 식물을 심고 땅을 가꾸는 행위를 통해 사람의 선한 품성을 기를 수 있다는 정원 효용론은 동서고금 역사 속에서 어렵지 않게 발견할 수 있다. 실로 정원은 미적 경험과 도덕적 심성을 기르기에 제격인 곳이다.

활시위를 매어 당겼다가 한번 풀어 쉬는 방식으로서 정원감상

봄날의 살얼음 위에 놓인 삶처럼 흐트러짐 없이 학문과 도덕적 삶을 산 퇴계에게 자연의 아름다움을 찾고 교감하는 것은 매우 중요한 일이었다. 왜냐하면 평생을 진지한 성리학자로서, 근엄한 도덕군자로서 살고자 한 퇴계에게 심미의식(아름다움을 살펴 찾음)은 삶의 자유로움과 기쁨, 그리고 즐거움을 얻게 해주는 일이었다. 진정한 수양을 이루는 데 필요한 힘을 얻는 일이었기 때문이다. 그런 점에서 퇴계의 삶에서 자연과 시는 책 못지않게 중요한 요소였다고 말할 수 있다. 퇴계는 "경관을 만나서 흥이 나면 시가 필요하다"라며 자연과 교감하기를 중시했다. 그가 이사할 때마다 터와 주변 자연 요건, 특히 산과 물과 바위, 경관을 따지곤 했던 것도 그런 이유에서다.

심미의식은 진정한 자유와 즐거움의 세계를 보여준다. 번뇌 가득한 인간세에 얽매이지 않고 보다 기쁘고 여유로운 삶을 살기 위해서 심미적 의식과 미적 감수성을 기르고 향유해야 하는 것이다.

퇴계에게 정원은 삶에서 취한 상징적 의미의 표상이며 그것을 몸소 체현해 내기 위한 실천의 장이였다. 다시 말해 정원은 배움과 휴식 그리고 즐거움의 장이었으며 학문과 심성을 동시에 완성해 나가기 위한 삶의 필수품으로 간주한 셈이다.

"동산(자연)은 매우 아름다우나 사람의 뜻이 거칠다"고 한 주자의 한탄이 실감하는 시대다. 지금이야말로 퇴계의 정원에 담긴 깊고 풍부한 뜻을 우리가 새삼 되새겨 볼만하지 않은가?

유용한 정보

퇴계와 낙동강변의 퇴계 연고지

퇴계 탄생지(퇴계태실)

퇴계의 강학, 교육 공간들: 청량정사, 한서암, 계상서당, 양진암, 도산서당

퇴계의 산책, 사색, 한수작 공간들: 계상서당, 도산서당의 정원들, 예던길, 청량산, 낙동강 등

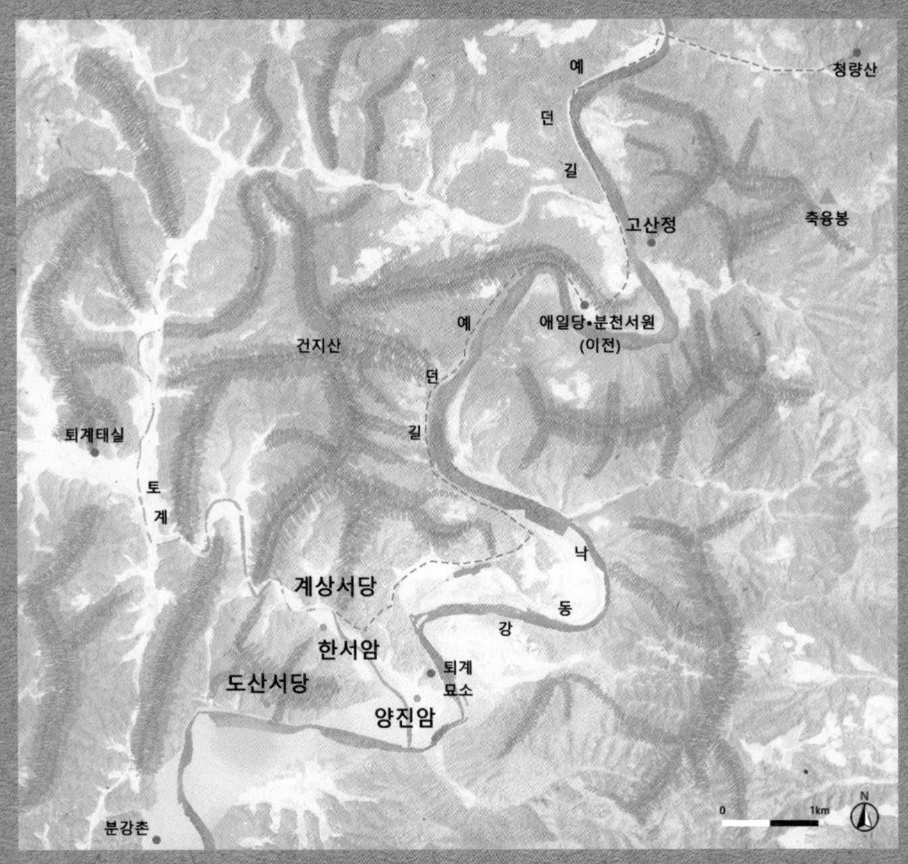

안동 토계에서 청량산을 잇는 예던길과 주변

평생을 토계를 따라 오르내리며 살았던 퇴계는 청량산을 '우리집 산(오가산, 五家山)이라 할만큼 사랑하여 자주 찾았다..

© 작도 정함익, 최유나

5

토머스 제퍼슨

토머스 제퍼슨은 미국의 세 번째 대통령(1801-1809)으로
미국 건국의 아버지 중 한 명으로 평가되며 많은 업적을 이룬 인물이다.
그중 하나가 독립선언문 작성이다. 제퍼슨은 33세에 독립 선언서 기초를 작성했다.
미국 독립전쟁(1775-83) 동안 버지니아 의회와 대륙 의회에서 근무하고
버지니아 주지사로 일했으며 프랑스 대사와 미국 국무장관으로 일했다.
제 2대 대통령 투표에서 존 애덤스에게 3표 차이로 패배해 2대 부통령을 역임했다.
제퍼슨은 국가가 시민들의 삶에서 제한된 역할을 해야 한다고 생각하는 민주공화당원으로
1800년에 대통령으로 선출됐다.
그의 임기 중(1801-1809) 최고의 성과로 인정받는 것으로 루이지애나 영토 구입이 있다.
그는 개인적인 자유를 지지했지만 일생 동안 600명 이상의 사람들을 노예로 부렸다.
은퇴 후 버지니아의 몬티첼로에서 지냈으며 버지니아 대학 설립에 기여했다.

신생국 미국의 국가이념을 마련한 건국의 아버지_토머스 제퍼슨

그의 꿈과 이상의 공간적 표상으로서 정원

토머스 제퍼슨 (1800년) By Rembrandt Peale © White House Historical Association

버지니아 대학 교정의 봄

미국 조경의 아버지, 토머스 제퍼슨

미국 3대 대통령 토머스 제퍼슨은 국가 이상과 민주주의 이념의 기초를 다진 정치가로 평가된다. 건국의 아버지(founding fathers)로도 불리는 그는 정치뿐 아니라 예술, 과학, 교육, 원예, 건축, 조경 등 광범위한 분야에서 탁월한 업적을 남긴 다재다능한 인물이다.

하지만 생전에 그는 화려한 정치가의 길보다는 농부나 정원사로서의 삶을 더 선호한 듯하다. 부친과 장인으로부터 막대한 규모의 농장을 물려받은 그는 자신의 평소 신념이었던 '자영농 중심의 민주주의 국가'(agararian ideal) 실현을 꿈꾸며 농부이자 정원사로 살기를 바랐다.

스스로 조경가라고 한 적은 없지만 제퍼슨은 조경(landscape architecture)이란 용어가 생기기 전부터 조경가로 활동한 사람으로 평가된다. 당시 신생국 미국에서는 이탈리아나 프랑스식의 기하학적 정원이 유행하고 있었을 뿐 조경에 대한 별다른 인식이나 시도를 찾기 어려웠다. 제퍼슨은 고전적인 미와 낭만주의를 뛰어 넘어 팔라디아식(16세기 이탈리아 건축가 팔라디오의 디자인에 영향을 받은 건축 양식으로 대칭, 원근감 등에 의한 질서와 합리성이 강조됨) 건축물과 영국의 자연풍경식 정원 양식에 특별히 심취했다.

제퍼슨의 자연관과 정원관

자연관과 정원에 대한 생각

자연에 대한 제퍼슨의 생각은 크게 기독교, 정치철학, 과학이라는 세 가지 다른 출발점을 갖고 있다. '자연은 가치를 탐구하고 인간 사회와 삶을 향상할 수 있는 자원'이라는 것이 제퍼슨을 비롯한 당시 엘리트들의 가치관이었다. 그에게 있어서 자연은 신생 국가인 미국의 사회구성과 국민의 정신을 기르기 위한 정치적 도구이기도 했다. 질서와 조화라는 자연의 가치야말로 독립 직후 정치와 사회적인 혼란을 잠재우고 다양한 인종과 계급으로 구성된 미국 사회를 서둘러 안정시킬 도구라고 생각했다. 더불어 모두를 성숙하게 발전시켜 나가기 위한 덕목으로 삼고 모델로 만들 수 있다고 생각했다. 그런 점에서 미 대륙의 광활한 야생과 자연은 신생국 미국의 국민성을 개조하고 국가적 정체성을 세워줄 정치적 자산이자 도구였다.

버지니아 자생종으로 매우 크게 자라는 미국 측백나무와 튤립나무를 각별히 좋아하며 즐겨 심었던 것이나, 메인 주에서 잡은 큰 사슴 무스를 프랑스까지 실어와 왕립공원에 기증하고 전시하려 한 것에도 국토 자연을 국가 정체성과 연관시켰던 그의 자연관이 잘 드러나 있다.

그에게 있어서 자연은 과학적 탐구의 대상이자 자신의 타고난 자질과 탐구심을 충족시켜줄 수 있는 대상이기도 했다. 정치적 업적 중 하나로 간주되는 루이지애나주 매입 후에 그가 루이스(메리 우더 루이스 대장. 서양 지식이 많은 육군 장교 출신)와 클락(윌리엄 클락. 육군 장교)을 보내 영토와 자연에 대한 광범위한 자료를 수집할 것을 지시한 것도 그의 과학적 탐구심이 작용된 까닭이다.

제퍼슨에게 정원은 무엇보다 과학적 탐구의 장으로서의 의미가 컸다. 고등 교육기관 모델로 그가 직접 설계한 아카데미컬 빌리지(버지니아 주립대 초창기 캠퍼스)에 열 개의 정원이 핵심 요소로 들어 있다는 사실은 그의 이런 사상을 뒷받침해 준다. 미지의 자연을 탐구하는 과정을 통해 지적인 체계를 파악해내고 실천하는 현장이면서 수준 높은 교육을 위한 핵심으로 정원을 생각한 것이다.

그는 정원을 가꾸는 기술을 "환상으로 땅을 장식하는" 행위라며 "제7의 예술(그림, 조각, 건축, 음악, 시, 웅변에 추가해)"이라고 주장했다. 원예보다는 풍경화에 더 가까운 예술 행위라는 말에서 보듯이 그는 정원을 만드는 행위가 풍경을 넘어 형이상학적인 차원에까지 연관된 것임을 간파하고 있었다. 그에게 있어서 정원은 경제적 효용과 문화적 가치의 장이기도 했다. "땅을 경작하는 문화적 행위로서 자신을 즐겁게 해주는 일"이라고 칭송하기도 했다.

유용한 식물을 사회에 소개하는 일을 "국가가 제공할 수 있는 가장 위대한 서비스"며 식물을 통해서 사회를 변모시킬 수 있다고 믿었다. 300종 넘는 채소와 170여 종의 과실을 도입해 재배한 몬티첼로(제퍼슨의 정원)의 텃밭과 과수원에도 신생 국가인 미국을 하루속히 부강한 나라로 만들려는 그의 꿈이 담겨 있다. 버지니아 대학에다 식물원을 조성하려던 시도만 봐도 젊은 학생들에게 완전한 교육 경험의 장을 제공하면서 유용한 식물을 통해 신생국 미국의 발전을 도모했던 의도를 엿볼 수 있다. 비록 그의 사망으로 무산되기는 했지만 말이다.

당시까지만 해도 유럽 의존도가 높았던 미국이 경제적 자립과 국가적 안정성을 도모하는 데 식량, 의약, 섬유, 염색, 건축재 같은 다양한 효용을 지닌 식물자원이 보탬이 될 것이라고 믿었다. 식물을 광범위하게 다룸으로써 과학적 지식을 향상하고 문명을 진화 시킬 수 있다는 당시 계몽주의적 철학과도 일맥상통하는 부분이다.

그에게 있어 정원과 식물은 사람들이 모이고 우정을 나누는 효과적인 매개이기도 했다. 그는 몬티첼로에서 딸, 손녀들과 함께 철마다 만개한 꽃의 아름다움을 즐기면서 가족 간의 화목을 확인하곤 했다. 그런가 하면 자신이 실험 재배한 과수 묘목을 이웃에게 나눠 주고는 수확한 과실로 컨테스트를 여는 등 식물을 통해 지역 공동체 사이의 유대감을 높이려고 애썼다.

자연순환에 의한 유기농법에도 일가견 있던 제퍼슨은 유기농 정원술을 미국에 최초로 도입한 사람으로 평가된다. 딸이 정원에 번진 병충해에 대해 불평하자 "문제는 해충이 아니라 빈약한 토양 때문이니 땅을 비옥하게 해서 식물들이 잘 자라게 하고 스스로 병충해를 이겨낼 수 있도록 해야 한다"고 가르쳤다.

7년 주기의 윤작 농법을 도입해 3년간 콩과 식물로 토양을 개선한 후 다른 곡물을 심기도 했다.

제퍼슨의 정원들

타고난 취향과 재능으로 제퍼슨은 수많은 건물과 정원을 직접 설계하거나 관여했다. 그가 설계하거나 도와준 지인들의 주택만 대략 열다섯 개나 되고 버지니아대학 캠퍼스, 리치몬드 의사당, 수도 워싱턴 도시계획과 국회의사당 신축에도 깊이 관여했다. 주택과 정원, 캠퍼스와 도시계획에까지 그의 영향은 광범위했다. 자신을 이어 4대 대통령이 된 제임스 매디슨의 사저 몽펠리에를 짓는 데에는 수차례에 걸친 조언과 함께 자신이 숙련시켜 기른 기술자들을 보낼 정도였다. 정원가로서 그의 대표작은 생애 마지막 역작이라고 할 수 있는 아카데미컬 빌리지와 자신의 집 몬티첼로, 그리고 은거지 포플라 포레스트를 들 수 있다.

아카데미컬 빌리지 Academical Village

제퍼슨은 그리스 로마 건축의 고전적 모델에 따르되 거대한 하나의 건물보다는 여러 동으로 분산된 빌리지형 건물이 더 좋다고 생각하고 있었다. 그의 생각은 고등교육의 이상적인 공간 모델로 구상해 낸 아카데미컬 빌리지에 고스란히 잘 담겨 있다.

고대 로마의 판테온을 모델로 삼은 로툰다는 고전주의적 미의 정수를 그대로 보여준다. 가장 높은 중앙부 로툰다로부터 연장된 좌우 날개동은 학생 기숙사인 긴 단층 건물과 일정 간격으로 배치된 총 10개의 2층 파빌리온으로 구성돼 있다. 교수들 집인 파빌리온과 열 개의 정원은 비슷해 보이지만 자세히 보면 모두 다른 모습을 갖도록 설계되었다. 교수와 학생들이 늘 접하는 건물이지만 정원 자체가 좋은 모델이 돼야 한다는 제퍼슨의 생각이 반영된 것이다. 고전적 양식의 건축물과 텅 빈 잔디밭이 중심을 이루면서 좌우로 건물들을 거느린 아카데미컬 빌리지의 배치구도는 고등 교육기관 대학의 이상적인 공간 모델의 전형을 이룬다.(실제로 이런 배치구도는 MIT, 예일, 듀크, 델라웨어 등 미국 내 여러 대학은 물론 중국의 칭화대 캠퍼스에도 유사하게 적용돼 있다.)

하지만 아카데미컬 빌리지에서 우리가 주목할 대상은 건물이 아니라 옥외공간이다. 로툰다 앞, 좌우 날개동 사이의 중앙부 잔디밭(The Lawn)은 몇 그루의 나무 외에는 통째로 비워진 채 긴 잔디밭이 남측 먼 산으로까지 열려 있었다. 모든 장애물 없이 구릉을 따라 잔디밭이 흐르면서 인간의 손이 미치지 않은 자연 속으로까지 확장되는 듯한 구도는 그의 농업적 이상을 표상한다. 각 파빌리온 뒤에 조성된 10개의 정원은 엄격한 건축적 질서 속의 여백으로 아카데미컬 빌리지에 생동감과 개방감을 제공한다.

또한 그것은 농업국가 이상을 실천하는 현장이자 식물과 원예를 배우는 실험실로서 배움과 실천의 융합을 위한 장으로 간주되었다. 아카데미컬 빌리지의 면모는 2백 년이 지난 지금도 그대로 남아 버지니아 대학의 기념비적 상징 공간으로 인식되고 있다. 정원은 교수와 학생들의 실습과 휴식의 공간으로 활용되고 있다. 중앙의 잔디밭에서는 매년 역사정원주간(4월), 졸업식(5월), 연말 행사 같은 대학의 중요한 행사가 펼쳐진다. 아카데미컬 빌리지는 1976년 미국 건축학회로부터 '지난 200년간 미국 건축사에 가장 자랑스러운 성과물'로 지정되었고 1987년 몬티첼로와 함께 유네스코 세계유산으로 등재된 바 있다.

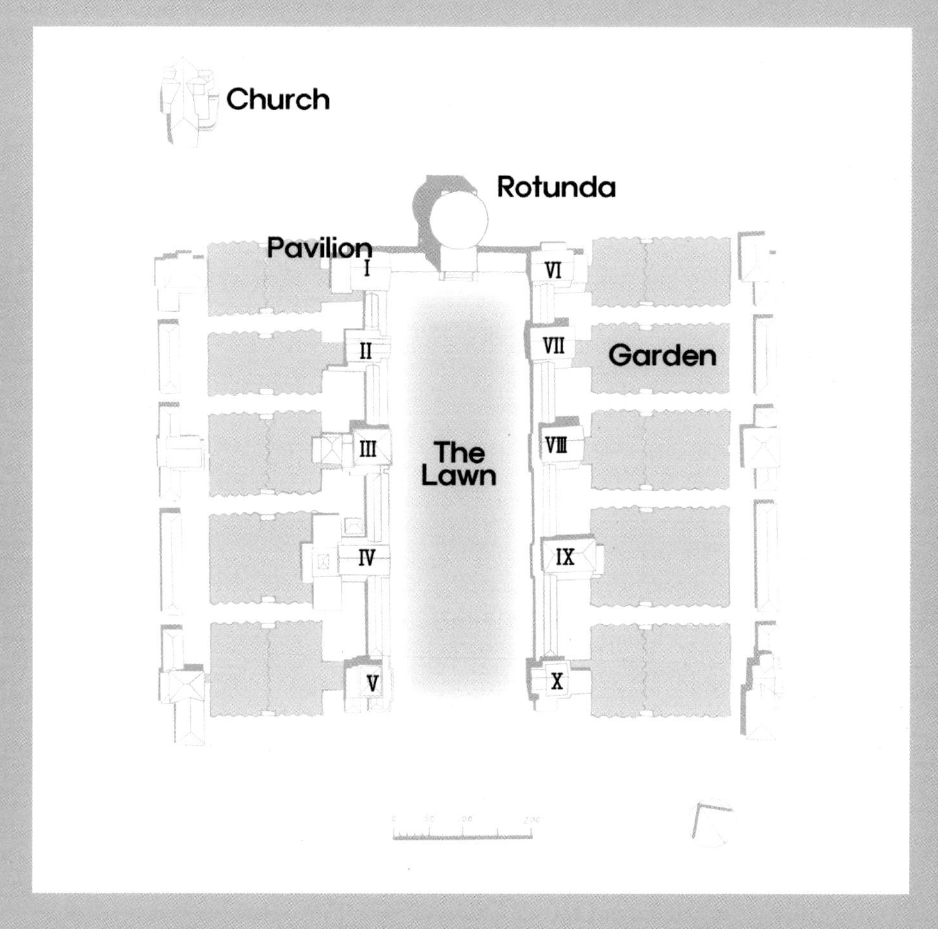

아카데미컬 빌리지 배치도

중앙 상단의 로툰다를 중심으로 좌우 날개동이 지형을 따라 빌리지 형으로 전개된 구도다. 대학의 중앙부를 교회가 아닌 도서관(로툰다)으로 설정한 배치 구도도 당시로서는 파격이었다.
ⓒ 성종상, 유가현

버지니아대학교의 초창기 캠퍼스인 아카데미컬 빌리지

날개동 1층 회랑 안쪽은 학생기숙사로,

중간의 파빌리온은 교수 사택(2층)과 강의실(1층)로 사용되었다.

중앙 잔디밭은 남측으로 낮아지면서 먼 산까지 시야가 열린 구도로 설정되었다.

로툰다에서 본 잔디 발(The lawn)

잔디발은 남측으로 점점 낮아져서 멀리 산까지 열린 구도를 취하고 있었다.
잔디발 끝 건물은 후에 추가된 것이다.
ⓒ 성종상 2009년 10월

아카데미컬 빌리지의 날개동 중간의 통로

건물은 빌리지 형태를 고수한 제퍼슨의 설계관을 반영해
주위 땅, 자연과 긴밀하게 만날 수 있도록 열린 형태를 취한다.
ⓒ 성종상 2009년 10월

아카데미컬 빌리지 내 파빌리언 뒤에 조성된 정원

각기 다른 식으로 조성된 10개의 정원에는 지금도 교수와 학생들이 수시로 찾아와
자연을 접하며 휴식을 취하곤 한다.
때로는 특별한 가든파티가 열리기도 한다.

휴식과 사색, 만남의 공간으로 활용되고 있는 아케데미컬 빌리지 ⓒ 성종상 2009년 5월(위), 10월(아래)

파빌리온 후면 정원의 곡선형 담장

특이하게도 구불구불한 곡선형으로 조성돼 있다.
당시 자금 부족에 시달렸던 제퍼슨이 벽돌값을 아끼기 위해
1B쌓기(벽돌 한 개 두께로 쌓아 올리는 벽돌 쌓기 방식)로 하면서
구조적 안정성을 위해 겹친 곡선형으로 설계했다.
구조와 경제성, 미학까지 고려한 제퍼슨 디자인의 흥미로운 한 단면이다.
ⓒ 성종상 2009년 5월

아카데미컬 빌리지 가든 투어

매년 봄에 열리는 가든 투어 프로그램은 인기가 많아 미국 전역에서 사람들이 찾아온다.

ⓒ 성종상 2009년 4월

버지니아대학 캠퍼스의 경관

조경과 정원을 중시했던 설립자 제퍼슨의 뜻에 걸맞게 캠퍼스 건물과 조경이 매우 아름답다.

ⓒ 성종상 2009년 5월/ 10월

몬티첼로는 어릴 적부터 살던 섀드웰(Shadwell) 집이 불에 타버리자 3km 남짓한 곳에 있는 작은 산 위에 제퍼슨이 새로 지은 집이다. 25세 때에 처음 터를 다듬기 시작한 후 최종 마무리된 때가 대통령에서 물러난 이후였으니 몬티 첼로를 증개축하는 데 무려 50여 년이나 걸린 셈이다. 가장 먼저 신축한 남측 별동에서 신혼생활을 시작했고 첫딸도 낳았다. 방 1개에 부엌만 딸린 그곳에 살면서 본격적으로 몬티첼로 본관과 정원을 만들기 시작했다.

제퍼슨의 자서전 혹은 건축의 수필이라고 불릴 정도인 몬티첼로는 제퍼슨의 철학과 수많은 아이디어가 축적돼 있다. 산꼭대기로서 물 확보를 위한 빗물 저장 시스템, 여름용 얼음을 저장하는 창고, 지하 부엌에서 음식을 전달받기 위한 엘리베이터, 오렌지나 라임 같은 식물을 기르던 온실은 그의 창의적 사고를 잘 보여주는 사례들이다. 정상부 지형을 깎아 만든 지하층에 부엌, 창고 등 작업공간을 만들어 흑인노예들의 활동영역으로 삼은 반면, 1층은 현관, 거실, 데크 테라스를 만들어 자신의 가족생활들과 손님들을 위한 사교활동 영역으로 삼았다. 동선은 물론 주체간의 분리(주인 대 노예; 백인 대 흑인)를 자연스럽게 유도한 디자인 해법도 주목할 만하다.

높이 260미터 작은 봉우리에 놓인 몬티첼로는 지형을 따라 몇 개의 층으로 구분된다. 평평하게 만들어진 정상부에는 팔라디오식 저택과 영국 풍경식 정원이 있다. 저택의 원형돔이 주는 고전적 질서가 대지의 중앙부라는 위치와 연결돼 확고한 중앙으로 형성됐다. 저택이 고전적인 비율과 엄격한 형식미로 구성돼 있는 반면 앞의 정원은 의외로 구불구불한 원로를 갖는 풍경식 풍이다. 고전주의적인 아름다움과 낭만주의적인 풍경이 절묘하게 어우러져 있는 것이다. 이후 바깥쪽으로 나가면서 텃밭, 과수원과 포도밭, 숲이 지형을 따라 차례로 펼쳐져 있다. 정원과 텃밭 사이 뽕나무 가로수길을 따라서는 대장간, 소목장간, 목공실, 훈제실, 착유실로 분리된 시설들이 배치돼 있었다.

독립적 자영농 중심의 농업국가를 꿈꿨던 제퍼슨의 이상을 몸소 실현하고 자급자족 하는 경제공동체로서의 시범모델인 셈이다. 미국의 5센트짜리 동전에도 들어 있는 몬티첼로는 아카데미컬 빌리지와 함께 1987년 유네스코 세계문화유산으로 지정되었다.

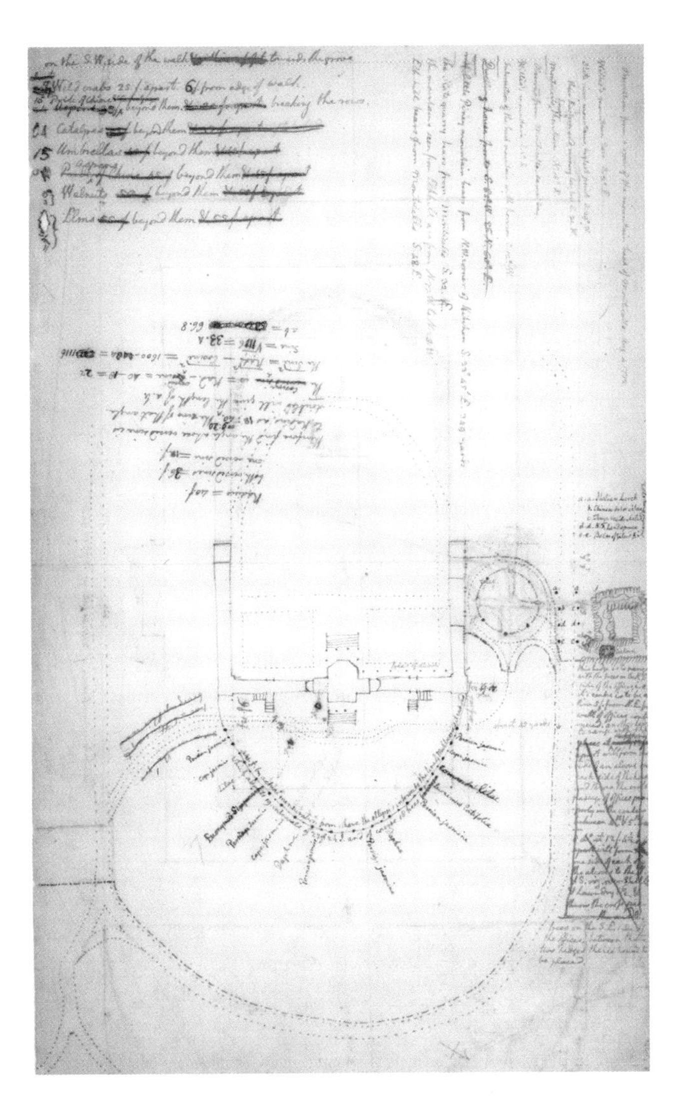

제퍼슨이 직접 그린 몬티첼로 구상도

정원과 어우러진 빌리지형 건축을 선호했던 그의 생각이 지형에 대한 감각과 함께 잘 구현 돼 있다.

몬티첼로 텃밭

길이만 300여 미터나 되는 텃밭에서 제퍼슨은 다양한 원예채소를 수입해 실험 재배하고 성공한 것들을 주변 농가들에 나눠 주며 농업생산을 장려하기도 했다.

ⓒ 성종상 2009년 5월

몬티첼로의 텃밭 가에 놓인 작은 파빌리온

자신이 직접 설계한 그곳에서 제퍼슨은 쉬거나 독서하곤 했다.
대서양까지 열린 파노라믹한 전망을 보면서 그는 신생국 미국의 앞날을 그리지 않았을까?
ⓒ 성종상 2009년 11월

팔라디오 양식 저택과 풍경식 정원이 절충된 몬티첼로

벽돌조 3층 건물에 방만 35개나 갖추고 있었던 저택에는 항상 손님으로 붐볐다.
ⓒ 성종상 2009년 10월

제퍼슨이 설계한 파빌리온 내 의자와 창문틀에도 그의 탁월한 디자인 감각이 잘 드러나 있다.
ⓒ 성종상 2009년 5월

몬티첼로 정원에 아직 남아 있는 붉은 삼나무(Red ceder)

제퍼슨은 버지니아산으로 매우 거대하게 자라는 적삼목과 튤립나무를

숲의 주노(Juno, 로마신화의 여신)라고 하며 좋아했다.

튤립나무는 2008년에 쓰러져 지금은 볼 수 없다.(아래)

Alpine strawb. seed from Mazzei	lower bed [illegible] earthen trough	Apr.	10.			
Seakale	4th. aspar. bed	Apr.	10			
Terragon	bord. VII.		12.	failed		
cucumbers.	bord. VII		12			
Cabbage Early York	bord. V.		12	failed nearly	[illegible]	9 plants transplanted July 10. to W. side sq. VI.
Windsor beans	Square II		13	killed by bug.		
cucumbers early	Nursery		20			
Cauliflower early	do. S.W. end of bed		20	failed.		
Roman Broccoli	do. N.E. end		20	failed nearly		54. plants of these transp. June 30. sq. XI. of which some however were of [illegible]
Ice lettuce radishes. E. scar.	do. artichoke bed		20			
lettuce. tennisball radish E. scarlet	sq. IX. 12.13		20	failed		
lettuce. Marseilles radish E. scarlet	3. Asp. bed NE		21	failed.		
tree onion	do. SW		21	failed		of these seed bulbs, [illegible] fill a pint to plant a square of 60. f. in drills 12. I. apart & [illegible] I. in the drill will take 5½ gallons, say 3. pecks.
carrots. orange	5th. & 6th. do.		21	failed		
beets scarlet	7th. do.		21	failed		
Snaps E. dwarf	V. SW. [illegible]		21		July 3.	
Ricara.	do. NE. 5 do.		21		July 1.	
Spinach. summ.	IX. 1.		22			
Parsley	2.		do.			
Sorrel	3.		do.	failed.		
Okra	4. 5		do.	failed		
Eggplant	6.		do.	failed		
Chinese melon	7.		do.	4. plants		
Spanish onion	nursery	24.	24			
Squash. warted	do.		24			
parsneps	do.		24	failed		

제퍼슨이 원예 재배관련 내용을 기상정보 등과 함께 기록한 일지 형식의 정원메모

유럽의 여러곳에서 새로운 품종을 구해 실험했으나
무수히 실패했던 기록(failed; 초록색 부분, 저자 표시)을 확인할 수 있다.

제퍼슨은 거의 매일 이 데크에 나와 망원경으로 아카데미컬 빌리지 공사를 지켜봤다고 전한다.
데크는 가족이나 손님들과 차를 나누고 대화하는 장소이기도 했다.
ⓒ 성종상 2009년 6월

몬티첼로 양 날개동 지상층의 데크와
거기서 조망한 버지니아 대학 아카데미컬 빌리지
ⓒ 성종상 2009년 12월

몬티첼로 정원 내 연못

당시에는 물고기를 잡아 풀어 놓기도 했던 곳이다.

몬티첼로의 빗물 저장 탱크

물이 귀했던 산 정상부에서 지붕과 데크로부터 빗물을 모아

활용할 수 있도록 4개의 탱크를 설치했다.

ⓒ 성종상 2009년 12월

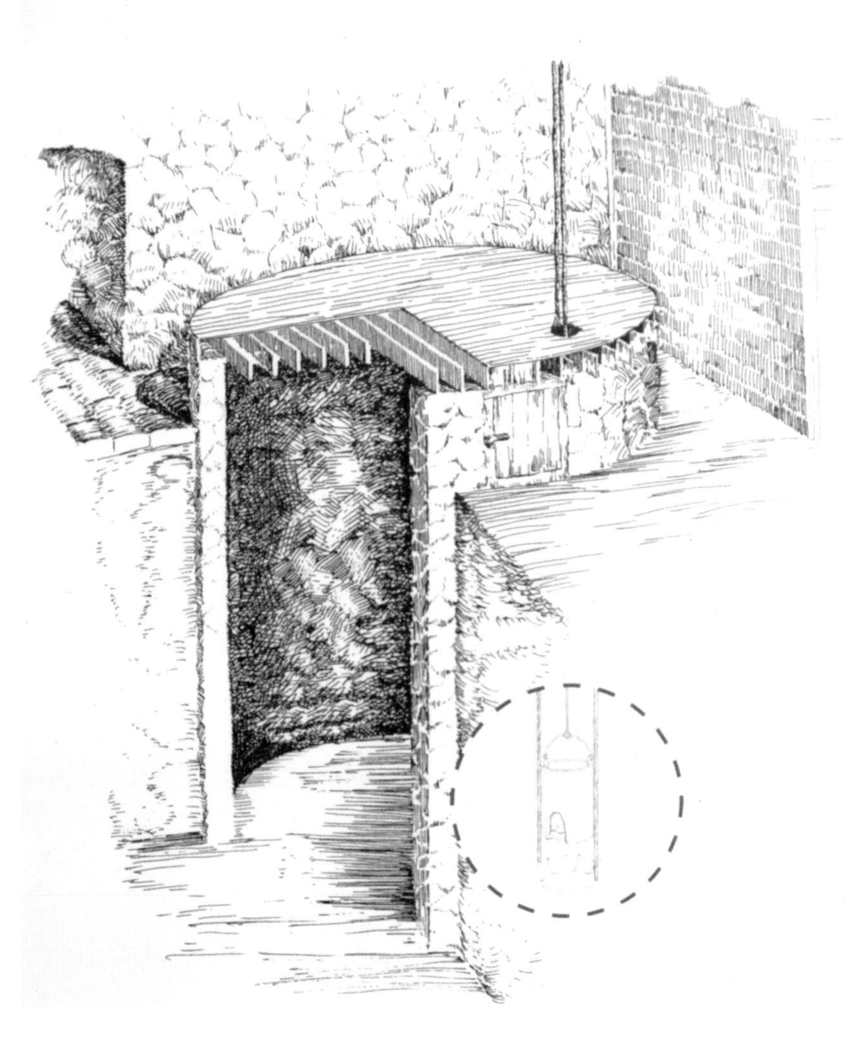

얼음 저장용 창고 스케치

ⓒ Monticello

정상부 지형을 살려 만든 지하층의 통로

노예나 근로자들을 이곳으로 다니게 했다.
1층 데크나 정원을 주로 사용하던 주인 및 손님들의 동선, 시선과 적절히 분리시킨
제퍼슨의 디자인 의도가 엿보이는 부분이다.
ⓒ 성종상 2009년 6월

몬티첼로 입구측 아래의 방문자센터

제퍼슨 관련 자료나 영상, 전시물 등을 볼 수 있고 다양한 기념품도 판매한다.

몬티첼로에 가려면 이쪽 주차장에 주차하고 셔틀로 갈아타야 한다. © 성종상 2009년 5월/ 12월,

몬티첼로를 찾아온 방문객들

미국인들이 가장 좋아하는 명소 중 하나인 몬티첼로는
연중 사람들이 찾아와 건축물과 정원 투어를 즐긴다. © 성종상 2009년 10월

포플러 포레스트 Poplar Forest

포플러 포레스트는 제퍼슨이 대통령으로 연임 중이던 1806년부터 짓기 시작해 임기를 마친 1809년에 완성한 은거지다. 당시 저택 몬티첼로는 정치가와 외교관 등 수많은 이들이 빈번히 드나들어서 편히 휴식을 취하기 어려운 상태였다. 제퍼슨이 자신만의 안식처를 따로 마련하게 된 것은 사랑하던 부인을 결혼 10년 만에 사별한 이유가 크다. 6명의 자녀 중 성인으로 살아남은 두 딸 중, 한 명인 작은 딸을 두 해 전에 갑자기 잃은 슬픔도 적잖게 작용했을 것으로 추정된다.

이미 20여 년 전에 자신을 잡으러 온 영국 군인들을 피해서 두 달여를 머물기도 했던 곳이다. 블루릿지 산맥과 가까우면서 튤립나무 숲과 언덕이 아름다운 경관을 이루고 있는 곳이어서 사람들로 붐비는 몬티첼로를 벗어나 조용하게 지내기에는 적격이었다. 조용하고 내성적인 성격이었던 제퍼슨은 손녀들과 흑인 노예 1명만 대동하고 마차로 3일이나 걸렸던 이곳을 1년에 2~4번씩 찾아 2주에서 2달 정도 머물며 휴식하곤 했다.

제퍼슨의 건축적 이상이 가장 잘 구현된 곳으로 평가되는 포플러 포레스트는 미국 최초의 팔각형 건물인 본관을 중심으로 부속동과 조경이 대칭적 균형을 이루며 건물과 통합된 경관을 이루고 있다. 본관 좌측 부속동은 반지하 건물로 날개를 이루고 있는데 반해, 우측은 두 줄의 닥나무로만 처리하고서 좌우 양끝지점은 작은 동산으로 마무리돼 있다. 건물 전면부는 자연스러운 식재를 그대로 두면서 후면부는 잔디밭과 정원으로 인공적 분위기를 살려 적절히 대비시켰다. 건물을 중심으로 전후좌우로 확산되는 공간구성에서 비대칭적 균형감과 질서를 통해 팔라디오식 건축형식을 은유적으로 상징해낸 제퍼슨의 디자인 감각을 엿볼 수 있다.

생전에 그는 포플러 포레스트를 "자신이 가진 자산 중 가장 가치 있으면서 가족 전체를 위한 거처가 될 것"이라며 각별히 아꼈던 것으로 알려져 있다.

포플러 포레스트의 저택과 날개동 일부

팔라디오 양식의 저택을 중심으로 날개동은 지형에 반쯤 파묻히듯 배치돼 있고
끝은 인공 마운딩으로 처리돼 있다.

© 성종상 2009년 11월

포플러 포레스트 진입로에서 본 포플러 포레스트 건물

늘 손님으로 분주했던 몬티첼로를 피해 혼자만의 시간을 갖기 위해
몬티첼로에서 약 110km 떨어진 지점, 포플러 숲과 지형이 아름다운 곳에 마련한 은거지다.

© 성종상 2009년 11월

실천적 이상주의자의 모태 혹은 토양으로서 제퍼슨의 정원

제퍼슨은 "땅의 경작만큼 즐거움을 주는 것이 없으며, 문화로서 정원과 견줄만한 것도 달리 없다"라며 정원의 가치를 주창했다. 전 생애로 봐도 개인적 자질과 취향에서부터 국가적 이상에 이르기까지 정원을 통해 그가 이룬 것은 결코 적지 않다.

미국 역사상 가장 지적이고 창조적인 인물로 평가되는 그가 남긴 업적과 성과들도 정원 생활이 있었기에 가능했을 것이라고 믿는다. 정원 생활을 통해 타고난 재능을 한껏 발휘했고 지적 탐구심을 확장했으며 철학적 사유와 정치적 신념을 심화시킬 수 있었을 것이다.

하지만 그의 삶에는 모순과 부도덕하기까지 한 단면들이 의외로 적지 않게 발견된다. 독립선언서에 "모든 인간이 평등하다"고 했으면서도 정작 자신은 죽을 때까지 2백여 명의 노예들에 둘러싸여 있었다. 막내딸 또래의 흑인 노예와의 사이에서 6명의 아이를 낳고도 피붙이인 그들을 노예로 부렸다는 사실은 지금도 그의 명성에 흠으로 남아 있다. 어쩌면 정치가이기에는 너무 철학적이었고 철학자가 되기에는 너무 정치적인 인물이었던 그는 자기모순과 도덕적 가책으로 평생 갈등을 안고 살았을지도 모른다. 그런 그에게 있어 정원은 온갖 비난과 고민, 그로 인한 갈등을 해소해 주는 곳이 아니었을까?

"만약 신이 선택한 이가 있다면, 그는 바로 땅에서 노동하는 사람일 것"이라고 말한 것을 보면 농부를 본질적이며 진실한 덕목으로 가득 찬 사람으로 높이 칭송한 것도 우연이 아닌 듯하다. 그런 신념은 그로하여금 텃밭에서 흙을 파고 새로운 식물을 보살피는 정원사로서의 삶에 남다른 의미를 갖도록 했을 것이다.

지금도 미국인들에게 가장 존경받는 인물로 간주되는 그의 삶에서 정원이 갖는 진면목을 새삼 확인해 볼 수 있지 않을까?

몬티첼로 인근에 있는 제퍼슨 역사식물센터

제퍼슨 당시 품종 그대로의 원예종을 수집, 보전, 판매하는 곳이다.
당대 정원 식물의 역사성을 중시하려는 진정성이 돋보인다. ⓒ 성종상 2009년 5월

제퍼슨 국제연구소(Robert H. Smith International Center for Jefferson Studies)

몬티첼로 인근에 있는 제퍼슨국제연구소는 제퍼슨과 관련된 주제라면
전세계 누구나 지원해 연구할 수 있게 하는 기관이다. ⓒ 성종상 2009년 10월

제퍼슨 국제연소 실내(Robert H. Smith International Center for Jefferson Studies)

ⓒ 성종상 2009년 10월

몬티첼로 Monticello

몬티첼로는 미국 버니니아주 샬로츠빌 시 외곽 작은 산꼭대기에 위치한다. 산 아래의 주차장에 주차 한 후 방문자센터에서 셔틀버스를 타고 몬티첼로 건물 가까이 가서 내리면 된다. (나올 때도 같은 자리에서 탑승) 셔틀은 도중에 제퍼슨과 가족들이 묻혀 있는 묘지에도 승하차할 수 있다. 시간 여유가 된다면 방문자센터 옆에 트레일이 있으니, 숲속을 천천히 걸어서 오르내릴 수도 있다.(약 800미터) 몬티첼로에는 연중 전시, 강연 등 다양한 행사와 탐방 프로그램이 있으니 미리 홈페이지를 통해 알고 가면 좋다.

—

주소	931 Thomas Jefferson Parkway, Charlottesville, VA 22902
매표 안내	(434) 984-9800
입장료	24$
단체 투어	(434) 984-9880
운영 시간	연중 오픈하지만, 계절별로 운영시간은 조금씩 다르니 홈페이지에서 확인 필요 대체로 여름철은 08시 30분부터 17:30분까지; 겨울철은 10시부터 17시까지 오픈
지도	

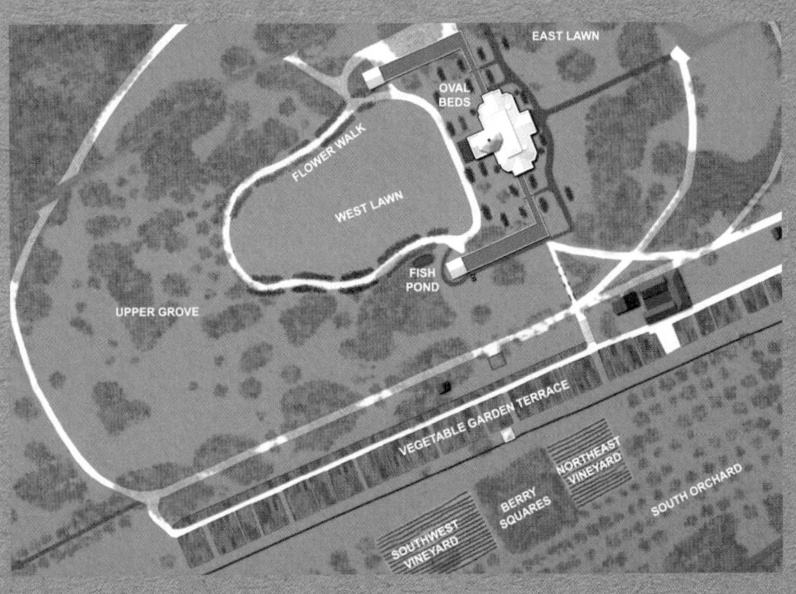

© Monticello

주변의 관련 시설들

제퍼슨 관련 도서 자료를 소장하면서 다양한 연구를 주관하고 있는 제퍼슨국제연구소(Robert H. Smith International Center for Jefferson Studies 혹은 Jefferson Library)가 몬티첼로 근처 약 1km 지점 아름다운 풍경 속에 있으니 잠시 들러보는 것도 좋다. (토, 일 휴관)

몬티첼로에서 약 4km 정도 거리에 역사적, 토종 식물 품종을 수집, 보존, 배포하는 토머스 제퍼슨 역사식물센터(CHP, Thomas Jefferson Center for Historic Plants)도 있으니 정원 식물에 관심이 있다면 찾아가 볼만 하다.

CHP에는 버지니아대학과 연계한 프로그램으로 토머스 제퍼슨이 디자인한 풍경을 사례연구와 야외교실을 통해 살펴보고 경관 역사, 정원복원, 역사적 원예분야에 대해 교육하는 역사경관연구소가 있다. 참가자들은 주 40시간의 교육에 참여하게 되며 수료자들은 역사경관연구소의 해리슨 펠로우라는 이름을 갖게 된다.

포플러 포레스트 Poplar Forest

버지니아 주 베드포드(Bedford) 카운티의 숲에 있는 제퍼슨의 농장과 집이다. 장인으로부터 유산으로 받은 곳이다. 그가 직접 농장을 설계하고 팔각형의 기하학이 돋보이는 건물을 지어 자신의 휴양지로 활용했다.

1826년 제퍼슨 사망한 이후 여러 사람을 거쳐 분할, 매각되었으나 1984년부터 비영리법인이 매입과 복원을 시작해 1986년에 공개하기 시작했다. 1971년 미국 역사랜드마크(National Historic Landmark)에 지정되었고 현재 비영리법인에 의해 관리, 운영되고 있다.

주소　687 Poplar Forest Drive, Forest, VA 24551
오픈　3월 중순부터 12월 말까지 매일 10시 - 오후 5시 오픈

1월 중순부터 3월 중순까지는 매 주말 오픈

입장료	성인 18달러/ 노인 12 달러/ 학생 10달러/ 어린이 6달러
전화	434 525 1806
홈페이지	https://www.poplarforest.org

© Virginia Humanities

자연교 Natural Bridge

자연교는 아메리카 원주민 모나칸 부족이 승리의 장소로 믿었던 성지였던 곳이다. 1774년 제퍼슨이 구입했다. '자연의 작품 중 가장 숭고한 것'이라고 칭송하면서 인근에 통나무 오두막을 지어 휴양지로 사용하기 시작했다.

1802년 대통령 재임 시절, 직접 그 지역을 답사했고 이후 존 마셜, 제임스 먼로, 헨리 클레이, 샘 휴스턴, 마틴 밴 뷰런을 포함한 많은 유명한 손님들이 이곳에 머물기도 했다. 나이아가라 폭포와 함께 북미에서 가장 주목할 만한 자연물로 언급되기도 했다.

주소 15 Appledore Lane, Natural Bridge, VA 24578
포플러 포레스트에서 약 60km, 몬티첼로에서 약 127km 거리
입장료 성인 9달러/ 6-12세 7달러/ 5세 이하 무료
운영시간 매일 오전 9시부터 일몰까지

아카데미컬 빌리지 Academical Village

토머스 제퍼슨이 건립한 버지니아대학교의 초창기 캠퍼스다. 1825년 문을 연 이후 지금까지 전체 캠퍼스의 중심으로 역사적, 상징적인 명소로 인정받고 있는 곳이다.
최고 고등교육기관으로서 대학 캠퍼스가 갖춰야 할 이상과 신념이 담긴 곳으로 높이 평가받아 한동안 세계 각국의 대학 설계 모델이 되기도 했고, 1987년 유네스코의 세계유산으로 등재되었다.
주소 1826 University Ave, Charlottesville, VA 22904 (버지니아대학교 캠퍼스 내)
운영시간 연중 자유롭게 출입 가능(건물 제외)
매년 4월 가든 투어 프로그램 운영 중

6

찰스 3세

찰스 3세는 엘리자베스 2세 여왕과 필립 왕자의 첫째 아들이다.

어린 시절부터 왕위 계승자로 성장하였으며,

어머니가 여왕으로 즉위했을 때 세 살이었다.

2022년 9월 8일 엘리자베스 2세 여왕 사망 후 영국의 국왕이 되었다.

그는 영국에서 왕위에 오른 가장 나이 많은 사람이며

케임브리지 대학교의 트리니티 칼리지에서 고고학, 인류학 및 역사를 공부했다.

공부 외에도 여러 가지 캠퍼스 생활에 적극적으로 참여했다.

1981년 여름 다이애나 스펜서와 결혼하며 대대적인 언론의 환호를 받았지만,

수많은 소문과 스캔들 끝에 1996년 이혼했다.

이후 오랜 연인인 카밀라 파커 보울즈와 결혼했으며

많은 자선 활동과 환경 관련 활동을 지속하고 있다.

진지한 환경운동가, 지속가능한 자연순환 생태의 중요성을 평생 따른_찰스 3세

영국 국왕, 남다른 철학과 삶의 실천 현장으로서의 정원

찰스 3세 (1948년~) © The White House

mountains.
fields.
trees.
flowers.

2010년 엘리자베스 여왕에 의해 공식 개장된, Savill Ganden 내의 장미원

ⓒ 성종상 2016년 6월

찰스 3세_금수저 몽상가 혹은 시대를 앞선 환경 영웅

찰스 3세 국왕은 찰스 필립 아서 조지 마운트 배튼 윈저(Charles Philip Arthur George Mountbatten-Windsor)라는 긴 공식 명칭을 갖고 있다. 영국 역사상 최고의 군주로 평가되며 얼마 전 서거한 엘레자베스 2세의 큰아들이다. 왕위 계승 1위의 왕세자였지만 최장수 여왕으로 재임한 어머니에게 가려 오랜 시간 왕위 계승을 기다린 왕자였다.

그는 1952년부터 2022년 즉위하기까지 영국 역사상 가장 긴 시간 왕세자였던 인물이다. 2022년 9월 8일에 즉위해 영국 국왕 중 가장 많은 나이로 즉위한 국왕이 되었다.

보수적인 영국 사회에서, 그것도 왕위를 계승할 왕세자로서 그는 일찍부터 영국 주류사회와는 다소 결이 다른 언행으로 언론에 자주 오르내린 인물이다. 남달리 예민하고 생각이 깊은 그는 젊어서 세상이 외면하거나 간과하는 것들을 예리하게 비판하고 대안을 제시하곤 했다. 대체로 그의 관심은 지속가능한 환경과 음식, 농업과 정원, 어린이 교육, 의료, 청년 미래, 예술, 전통문화, 공동체, 건축, 자선 같은 것들이다. 현재 대표로, 후원자로 깊이 간여하고 있는 자선단체만 약 400개가 넘는다. 기후변화, 열대우림 파괴, 탄소배출, 지속가능성 같은 전 지구적 환경문제에서부터 전통과 지역 공동체적 가치 보전에 이르는 변화를 주장하며 앞장서 실천해 왔다.

반면에 그는 무수한 찬사와 비난의 표적이 되곤 했다. 종종 금수저에 걸맞지 않은 언행들은 적잖은 파문을 일으키곤 했다. 하지만 "인간의 필요를 자연과 조화시켜야 한다는 것을 모든 정책의 바탕에 두어야 한다"는 그의 철학은 시간이 지날수록 공감과 지지를 얻고 있다. 그에게는 가장 진보적이고 급진적인 휴머니스트, 유기농과 지속가능한 농업의 챔피언 혹은 환경영웅이라는 호칭이 붙는다. 그는 철없고 순진한 몽상가를 넘어 시대를 관통하는 비전으로 행동하는 지도자로 자리 잡고 있다.

정원가 찰스 왕세자

2001년 첼시 플라워쇼 수상자 명단에 깜짝 인물이 등장했다. 이슬람식 정원을 출품한 찰스가 은메달 수상자로 선정된 것이다. 이듬해에도 찰스는 약초 사용을 촉진하는 정원 설계로 은메달을 받는 등 수차례 정원 작가로 이름을 알려 왔다. 스스로 자주 언급했듯이 어릴 적에 할머니가 길러준 정원 일의 즐거움을 자신의 관심과 소질로 발전시켜 실천해 온 덕분이다. 그 경험을 토대로 정원에 관한 책을 다수 저술하기도 했다. 정원 일은 70대 중반에 들어선 그가 그림 그리기와 함께 평생 즐겨온 대표적인 취미다. 더불어 공적 활동으로 확산시키고 있는 일이기도 하다. 그가 일정기간 이상 살았거나 직접 조영하며 즐긴 정원들은 다음과 같다.

클라렌스 하우스 Clarence House, London

런던 시내에 있는 찰스 왕세자의 공식 거처로서 그가 유난히 각별하게 여기는 곳이다. 할머니 엘리자베스 왕비(Queen Elizabeth, the Queen mother)로부터 물려받은 집이면서 부모와 4살 때까지 살았던 추억이 깃든 곳인 까닭이다. 다이애나와의 결혼에 실패한 후 느지막에 결혼한 두 번째 부인 카밀라와 살고있는 지금도 물려받을 당시 모습을 최대한 유지하고 있다. 할머니에 대한 그의 각별한 마음이 읽히는 이 정원은 크지 않다. 하지만 할머니를 기리며 그가 직접 설계한 정형식 정원(기하학적 도형을 따라 만든 인공 정원)과 다양한 품종의 장미정원, 유기농 야채를 기르는 텃밭, 벌의 생육환경을 배려한 야생초화원 등으로 구성돼 있다.

생전에 할머니가 종종 점심 파티를 즐겼던 잔디밭은 지금도 다양한 이벤트 무대로 활용된다. '다름을 만들기 위한 가든파티'(A Garden Party To Make A Difference)는 2010년 처음 개최된 이후로 지속가능한 농업과 유기농법, 도시 속 생태적인 삶을 홍보하고 있다.

유명 연예인과 명사들을 초대해 매년 여름 일반에게도 공개된다. 지속가능한 삶에 관한 전시회와 이벤트, 강연과 공연 등 다채로운 이벤트가 펼쳐진다. 플라스틱 통을 재활용해 만든 수직 정원, 폐품을 활용한 화분, 빗물과 생활하수를 재활용하기 위한 물 정화시설 같은 흥미로운 생태 기술이 정원 속에서 펼쳐진다.

클라렌스 하우스와 정원

작은 정형식 정원(점선 박스 부분)이 그가 할머니를 기리며 직접 설계한 기념 정원이다.
© 구글지도 위 필자 작업

런던 시내 찰스 왕세자의 공식 주거인 클라렌스 하우스

남(좌측)으로 제임스 파크, 서(우중간)로는 그린 파크가 있다.
버킹엄궁(그림 우상부)과는 대각선으로 마주 보고 있는 자리다.
버킹엄궁에 비해 건물은 물론 정원 규모도 아주 작지만, 찰스는 이곳이 훨씬 더 편하다고 말한다.
클라렌스의 작은 정원에는 생태기술과 재활용을 이용해 평소 찰스의 생각을
잘 구현해 놓은 흥미로운 정원들도 마련돼 있다.
ⓒ 구글지도 위 필자 작업

클라렌스 하우스의 퀸 마더 기념정원

찰스가 할머니와의 소중한 추억을 기리며 2005년 클라렌스하우스 앞에 만든 정원이다.

하이그로브 Highgrove, Gloucestershire

런던에서 서쪽으로 차로 두 시간 거리에 위치한 찰스의 개인 집 하이그로브는 명실상부 그의 신념과 노력이 집대성된 정원이다. 유기농과 지속 가능 농법의 앞선 비전과 실행력을 가진 전문가로서 찰스의 이름을 세상에 알린 대표 현장이기도 하다.

처음 구입한 1980년 당시만 해도 황폐한 토양에다 황량하기까지 했던 풍경이었으나 마스터플랜을 세워 정원 안 여기저기를 끊임없이 걸으며 키운 영감으로 바꿔 나갔다. 척박한 토양을 개량하기 위해 식물부산물, 커피 찌꺼기 등으로 만든 퇴비를 사용하고, 경제작물 재배와 휴경을 3년 주기로 반복하면서 땅의 힘을 회복시켰다.

자연을 억압하거나 거스르기도 하는 현대 농법 대신에 전통적인 유기농에 주안점을 두면서 정원에 적합한 야생종과 자생종을 찾아내 길렀다. 제초제 대신에 수작업을 고수하고 새나 개구리, 두꺼비는 물론 고슴도치, 도마뱀, 벌, 곤충, 오리 등 천적을 이용한 병충 제거법으로 유기농업을 철저하게 고수했다. 지하열 펌프, 벌목 칩 보일러, 공기열 펌프, 태양열 집열판 등 이른바 녹색 친환경 기술이 정원과 집 곳곳에 적용돼 있고 빗물 재활용과 갈대를 이용한 오수 처리시설도 갖추고 있다. 정원 분수나 연못은 모두 새와 여타 생물에 제공했다. 연못가와 도랑에는 작은 야생동물이 빠질 경우를 대비해 버드나무로 만든 경사램프가 조성돼 있다.

지역 자생종 중에서 오랜 실험으로 72종을 선정하고 파종해 조성한 야생초화원은 봄부터 가을까지 다른 꽃들이 연이어 피며 지역 내 벌들에게 밀원이 되기도 하면서 아름다움을 한껏 과시한다. 지역 풍토와 잘 맞은 식물의 자연스러운 건강함이고 지역 특성에 바탕을 둔 생태 미학이라 할만하다.

사십 년 가까이 일관되게 실천 적용해 온 하이그로브야말로 정원에 관한 찰스의 꿈과 철학, 실험정신이 오롯이 담긴 현장이다. 찰스는 황량한 하이그로브를 샀던 이유를 "정원에 대한 자신의 꿈을 직접 실천해 보고 싶었기 때문"이라고 고백했다. 그는 하이그로브를 찾아오는 방문객들이 가장 먼저 접하게 되는 환영 영상에서 "정원 가꾸기의 목적은 혼자만이 아닌, 다른 이들과 기쁨을 나누는 데 있다"고 말한다. 그렇게 자신의 정원을 함께 즐기기 위해 찾아온 방문객을 반겨 맞이하고 있다.

영국 찰스 왕세자의 개인정원 하이그로브 비지터센터 입구

아쉽게도 정원 내에서는 사진 촬영이 허락되지 않는다.
하지만 홈페이지나 인터넷에는 하이그로브의 코티지가든이나 야생초화원을 접할 수 있다.
정원에 대한 그의 탁월한 생각과 감각을 쉽게 접할 수 있으니
잠시 짬을 내어 감상해 보기를 권한다.
Ⓒ 성종상 2016년 9월

버킹엄궁 Bikingham Palace, London

런던 웨스터 민스터에 있는 영국 국왕의 대표 궁전이다. 얼마 전까지 찰스의 어머니 엘레자베스 2세가 상주하던 곳이다. 왕실의 각종 공식행사가 열리는 장소이며 연간 5만여 명이 찾는 유명 관광지다. 매년 여름철 여왕이 주최하는 가든파티는 약 16만 평방미터에 달하는 정원에서 열린다. 전형적인 영국 풍경식의 정원에는 장미정원, 기념정원과 함께 1만 2천 평방미터가 넘는 호수가 포함돼 있다. 2018년 여름, 찰스의 70세 생일을 축하하는 의미로 다양한 예술전시회가 버킹엄궁 정원에서 펼쳐졌다. 대규모 생일 축하 행사 대신에 그가 가장 먼저 택한 행사는 자신이 운영하는 단체를 후원하는 이들을 초대한 정원 축하연이었다. 예술에 대한 찰스의 오랜 지원에 감사하는 표시로 예술가들도 정원에서 전시와 공연으로 참여했다.

그는 왕이 돼도 지금 살고 있는 클라렌스에서 계속 살 것이며 버킹엄궁은 박물관으로 만들어 시민들에게 개방하겠다고 말했다. 775개나 되는 방이 있는 거대한 버킹엄궁이 너무 크고 화려해서 살기에는 적절하지 않은 데다 어릴 적 살았던 클라렌스가 훨씬 더 편안하다고 생각하기 때문이다.

윈저궁 Windsor Castle, Windsor

천여 개 방에 명이 넘는 사람들이 머물던 곳으로서 천년 가까운 역사를 자랑하는 영국 왕실의 대표적인 성이다. 런던에서 멀지 않은 위치여서 국가적으로 중요한 손님을 맞거나 공식 연회가 개최되기도 한다. 엘리자베스 2세 여왕이 자주 찾던 곳이기도 하다. 과거 왕실 사냥터였던 곳으로 2천만 평방미터가 넘는 영지에 윈저궁 건물 주변 영역 외에도 롱 워크(Long walk), 사슴공원(Deer park), 새빌정원(Savill garden), 계곡 정원(Valley gardens), 버지니아 호수(Virginia water) 등 여러 개의 공원과 정원, 숲, 호수가 연결돼 있다.

할머니의 배려로 여동생 앤과 함께 작은 구획에다 직접 정원을 만들어 즐겼던 어릴 적 행복한 기억이 남아있는 곳이다.

윈저궁 롱 워크 Long Walk

윈저궁과 윈저 그레잇 파크(Windsor Great Park)에 있는 조지 3세 동상을
일직선으로 잇는, 약 4.2km 길이다.
1680년 조성된 이래 영국의 역사를 상징하는 길로서 연중 다양한 이벤트가 열리고
산책과 피크닉을 즐기려는 사람들로 붐빈다.
Ⓒ Creative Commons

버크홀 Birkhall, Aberdeenshire

스코틀랜드에 있는 왕실 소유의 궁 발모럴 성(Balmoral Castle)에서 13킬로미터 떨어진 곳에 있는 18세기 작은 집이다. 굽이진 작은 강과 숲이 이루는 아름다운 경승지에 시골풍의 소박한 건물로 이뤄져 있다. 일찍부터 왕실 가족들이 조용히 휴식을 취할 때 즐겨 이용해오던 곳이다. 이곳 역시 어린 시절 할머니와 즐긴 정원 생활의 추억이 깃든 데다 유산으로 물려받은 터여서 찰스에게는 유난히 각별한 곳이다.

그가 오랜 연인이었던 카밀라와 결혼에 성공한 후 신혼여행지를 이곳으로 택했던 것도 그런 맥락으로 이해할 수 있다. 할머니 생전의 정원 모습을 거의 그대로 유지한 채 할머니를 기리는 작은 가제보를 만들고 손자 탄생을 기념해 나무를 심은 수목원도 새로 만들었다. 그 같은 일들을 그는 "세대를 이어주는 장소를 유지하는 일"이라며 매우 중요한 일로써 강조했다. 지금도 정원이 가장 아름다운 늦여름이면 찰스는 카밀라와 함께 이곳을 즐겨 찾곤 한다.

덤프리 하우스 Dumfries House, Scotland

오랫동안 방치돼 있던 스코틀랜드의 대표적인 18세기 저택으로 찰스가 구입해 개보수한 후 2012년 일반인에게 개방했다. 침체된 지역경제를 활성화하고 지역 고유문화를 지키기 위해 유기농 텃밭과 정원을 교육하는 교육센터와 교육정원, 텃밭에서 생산된 유기농을 재료로 하는 요리학교, 지역 청소년들에게 전통공예와 건축 기술, 과학을 교육하는 훈련센터가 있다. 지역 예술가들에게 레지던스를 제공하는 예술 학교를 갖췄다.

넓은 숲과 하천을 배경으로 텃밭, 과수원, 다양한 초화원과 화단, 수목원, 토피아리와 잔디밭, 연못과 함께 아이들에게 정원과 자연을 체험시키기 위한 미로와 숲 놀이터, 정원 학교도 마련돼 있다.

정원에서 키운 유기농 먹거리들은 하우스 내 식당과 요리학교에 사용된다. 땅의 힘을 키우기 위한 비배관리와 작물 순환재배를 중요시하는 찰스의 유기농법은 이곳에도 철저히 적용되고 있다. 지열을 활용한 에코리빙 시스템으로 온실을 비롯한 정원 내 여러 건물의 난방과 온수를 제공하는 등 그가 고수하는 지속가능한 기술도 잘 실현돼 있다.

비록 주거처라고 하기는 어렵지만 덤프리 하우스는 그의 전통과 지역문화에 대한 조예와 함께 삶의 철학과 기법들이 구석구석 실현된 시범 현장이라 할 만하다. 정원으로는 진흙 투성이었던 곳을 토종나무 위주로 바꾼 수목원, 담벽으로만 싸여 있던 곳을 정원으로 탈바꿈시킨 엘리자베스 여왕 위요 정원(Queen Elizabeth II Walled Garden)과 함께 장미원(Rose Garden), 물 정원(Water Garden), 숲 정원(Woodland Garden), 교육 정원(Education Garden) 등 다양한 정원이 조성돼 있다.

이들 외에 영국 전역에 널리 분포하고 있는 왕실 소유의 궁- 켄싱턴 궁(Kensington Palace, London), 햄턴코트(Hampton Court Palace, London), 샌드링엄(Sandringham Estate, Norfolk), 메이궁(Castle of Mey, Scotland) 같은 정원들도 찰스가 종종 찾는 곳이다.

덤프리 하우스의 엘리자베스 2세 위요 정원

찰스 왕의 삶과 꿈, 그리고 정원

찰스가 꿈꾸고 걸어 온 길은 어찌 보면 현대 기술문명의 대안이라는 성격이 강하다. 첨단 기술, 국제 기업, 거대 자본의 힘이 주도하는 이면에 매몰되거나 잊히기 쉬운 가치에 주목했다. 대체로 그의 주장은 빠름 대신에 느림, 거침 대신에 세심함을 근간으로 한다. 그의 이런 생각은 자칫 사라져 버리기 쉬운 소소한 일상의 가치를 되찾으려는 이들의 큰 힘이 되고 있다.

요약하자면 그에게 있어서 정원은 개인의 정서와 사랑을 기르는 원천이다. 현대 문명이 간과해 온 가치와 비전을 이웃과 다음 세대로 나누고 확산시켜 나가는 핵심 현장이다. 동시에 정원은 그에게 자연에 대한 인간의 필요를 조화롭게 실현하는 통로의 가능성을 열어 준 무대다.

눈을 즐겁게, 마음을 따뜻하게, 영혼을 살찌우게 하는 정원

하이그로브 방문자센터를 방문하면 맨 먼저 찰스의 환영 영상을 접하게 된다. 그 영상에서 찰스는 자신의 정원을 찾아온 이들을 기쁘게 반기면서 정원 생활이 "눈을 즐겁게, 마음을 따뜻하게 해주며 영혼을 살찌워 준다."고 소개한다. 단순한 시각적 효과를 넘어 마음을 다스리고 채우며 정신까지 풍요롭게 해준다고 덧붙인다. 어릴 적 할머니와 함께 정원 일의 기쁨을 알게 된 이후 일흔이 넘은 지금까지 직접 정원을 가꾸고 즐기며 내면의 안식과 평화를 얻었다고 말한다. 심지어 그는 식물과 나누는 대화를 통해 식물의 성장을 촉진할 수 있으며 마음을 나눌 수 있다고 주장한다.

사랑과 정서를 기르고 대대로 전하는 매개

찰스는 어릴 적부터 공식 일정에 바쁜 어머니 대신 할머니, 유모와 함께 지낸 시간이 더 많았다. 장남이지만 다른 형제들보다 예민했던 그는 무뚝뚝하고 엄격한 아버지와도 잘 맞지 않았다. 부모로부터 받은 정서적인 결핍은 그가 아버지로서, 할아버지로서 각별한 노력을 다하도록 이끌었던 것으로 보인다. 두 아들이 어릴 때부터 공식 활동에 동반시키는 것보다 자연 속에서 산책, 낚시, 사냥, 정원 가꾸기를 하며 시간을 함께 보내려 애썼다. 아들들이 어느 정도 성장한 이후에도 그는 기회가 될 때마다 음악, 그림, 연극 등 자신의 취미를 아들들과 함께 나누려 힘썼다.

하이그로브는 어린 아들과 손자들에게 유기농의 의미와 자연과 함께 하는 기쁨을 몸소 가르치는 교육장이기도 했다. 어릴 적에 할머니에게 받은 정원이 지닌 놀라운 정서적 효용을 자신의 아들과 손자에게 깨우쳐 주려고 애썼다. 하이그로브를 비롯해 여러 정원마다 그가 미로나 나무집 같은 어린이 놀이시설을 빠뜨리지 않고 설치한 것도 같은 맥락으로 이해할 수 있다. 그는 그것을 다음 세대에 대한 일종의 사명감이라고 간주한다.

하이그로브의 테라스 가든

하이그로브에서 초기에 조성된 정원으로 찰스가 직접 설계자로 참여한 작품이다.
특히 초화류를 비롯해 식물 선정과 식재는 거의 전적으로 찰스의 손을 거쳐 이뤄진 곳으로
그의 원예 감각이 잘 발휘된 현장이기도 하다.

하이그로브의 이슬람 정원

찰스가 2001년 첼시플라워쇼에 출품해 은상을 수상한 작품을
자신의 집 하이그로브에 옮겨 재조성한 정원이다.
아랍의 양탄자, 모로코식 타일을 모티브로 설계한 작품이다.
이슬람 문화에 대한 찰스의 개인적 이해의 깊이와
세계문화에 대한 영국 왕실의 관심사를 잘 드러내 준다.
© 유연환, 성종상

이상과 신념을 실현하는 매개이자 현장

그에게 정원은 자신이 믿고 실천하려는 거의 모든 철학과 가치가 집대성된 현장이다. 대체로 정원에는 많은 시간과 직접적인 노동이 들어간다. 또 여러 사람과 무엇이든 함께 나눌 수 있는 공간이다. 그런 면에서 정원은 자생종, 유기농, 향토 유산 같은 지역 차원의 이슈부터 저탄소, 기후변화, 지속가능성과 같은 전 지구적 이슈까지 여럿이 함께 실천하며 나누기에 꽤 적절한 곳이다. 다양한 생태와 친환경, 전통 기술과 디자인으로 구현된 정원을 통해 전세계인들과 그런 가치들을 공유하고 확산시켜 나가려는 것이다. (그중에서도 어린이나 청소년은 찰스가 최우선해서 주목하는 대상이다.)

일찍부터 찰스는 현대문명이 자연 훼손과 전통적 가치 소멸, 지역 공동체 와해를 가속화하는 것을 매우 심각하게 우려해 왔다. 그런 뜻에서 인간과 자연 중심의 가치를 회복할 것을 강력하게 주장해 왔다. 초창기 그의 이런 노력은 비난받고 외면당하기도 했지만, 시간이 지나며 공감과 지지를 보내는 이들이 점차 늘고 있다.

대영제국 왕위 계승자로서 면모를 과시하는 무대

그동안 전통적인 군주와는 다른 처신을 보여 온 찰스는 적지 않은 국민들로부터 여전히 신뢰를 얻지 못하고 있는 듯하다. 하지만 찰스는 일찍부터 다양한 이슈에 적극적으로 간여하며 실천하고 있다. 이전 군주와는 다른, 미래 지도자로서의 면모를 보여 왔다고 볼 수 있다. 생태계 파괴는 물론 전통과 인간의 가치를 우선시하는 지역 공동체와 건축 문제에 이르기까지 거침없는 비판을 던지며 대안을 찾아 실천하고 있다는 것이다. 이전과는 다른, 앞선 비전으로 행동하는 지도자라는 이미지를 구축하고 있는 셈이다.

군 복무 중이던 20대에 월급을 털어 시작한 청소년 지원 자선단체의 명칭을 '다름 만들기(Making a Difference)'라고 하며 삶의 변화를 주장해 온 그는 평생 일관된 비전과 철학을 실천하고 있다.

찰스에게 정원은 자신의 가치를 실천하는 삶의 현장이다. 사회적으로는 여럿이 함께 나누고 소통하며 공감하는 무대다. 그가 클라렌스 하우스나 하이그로브 정원을 개방하고 여러 정원에서 가든파티 형식의 모임을 자주 개최하는 이유도 그런 까닭일 것이다.

PART 2

7

윈스턴 처칠

윈스턴 처칠은 영국 블렌하임 궁에서 태어난 명문가 귀족 가문의 후손으로

영국의 정치가, 연설가, 작가다.

두 차례에 걸쳐 영국 총리로 근무했다.

제2차 세계 대전 중 영국 국민들을 단합시키고 승리로 이끈 인물로 평가받는다.

1922년 차트웰을 구입해 아내 클레멘타인과 함께 그곳에서 40년 동안 지냈다.

그는 아마추어 실력을 뛰어넘는 화가로도 잘 알려져 있다.

평소 언어와 역사에 조예가 깊었던 그는 자신의 경험을 토대로 한

회고록 〈제2차 세계대전〉 등 총 43권의 책을 출간했다.

그 같은 저술과 명연설로 1953년 노벨 문학상을 받았다.

불굴의 용기와 의지로 나라를 지켜낸 위대한 영국인_ 윈스턴 처칠

용기와 인내의 원천이었던 그의 정원

윈스톤 처칠(1874년~1965년) © Wikimedia Commons

mountains.
fields.
trees.
flowers.

블렌하임궁 건물 옆의 정형식 정원

처칠에게 평생 자부심의 원천이었던 블렌하임은 건물 옆의 정형식 정원과 그 외곽의 풍경식 정원으로 구성되어 있다. ⓒ 성종상 2018년 7월

윈스톤 처칠, 불멸의 의지와 용기를 지닌 '위대한 영국인'

윈스톤 레오나르드 스펜서 처칠(Winston Leonard Spencer Churchill 1874-1965)은 '영국 역사상 최고의 위인'(2012년 BBC)이자 '20세기 가장 위대한 인물'로 평가된다. 제2차 세계대전을 승리로 이끌어 나치의 폭력으로부터 유럽을 구한 영웅이다. 전후 세계 평화와 인류 발전의 초석이 된 유럽연합과 국제연합을 제창한 선지자이기도 하다. 그뿐만 아니라 소설, 역사서, 수필집 등 총 43권의 책을 저술했다. 총리 재직 중인 1953년에 자기 경험을 토대로『제2차 세계대전』이라는 책을 써 노벨문학상을 수상한 작가이기도 하다.

하지만 어릴 적 처칠은 말썽꾸러기에다 머리가 나빠 아버지에게 '전혀 쓸모없는 놈'으로 낙인찍혔었고 바람둥이 어머니에게는 제대로 사랑도 받지 못하고 자랐다. 부유한 명문가의 아들로 태어났으나 반항적 기질에 언어 장애, 공부까지 못해서 공립학교에 꼴찌로 입학할 정도였다. 그러니 명문대학은 꿈도 꾸지 못했다. 그의 아버지는 '목사가 되기에는 성격이 좋지 않고 변호사가 되기에는 머리가 나쁘니 군인밖에는 할 수 없을 것'이라고 말할 정도였다. 군대에도 사관학교에 응시해 삼수 끝에 겨우 들어갔다.

그랬던 그가 오늘날 영국 국민들에게 '불굴의 용기와 의지를 지닌 위대한 영국인'으로 칭송받고 있다. 젊을 때 쿠바, 인도, 남아공 등 전쟁터에서 군인이자 종군기자로 포화 속을 뛰어다니며 포로가 되기도 하고 수차례 죽을 고비를 넘기기도 했다. 정치가로서도 몇 번이나 낙선과 좌절을 맛봤다. 이런 일들은 그를 타고난 의지와 용기로 더 강하게 단련시켰다. '한 번 치를 때마다 목숨이 한 달씩 줄어드는 것' 같았던 선거를 14번이나 치렀던 그는 '곤경이 겹친다는 것은 곧 승리할 좋은 기회가 왔다는 증거'라며 역경을 헤쳐 나가곤 했다.

정원가 처칠

92세로 장수한 처칠은 생애 동안 여러 집을 옮겨 살았다. 시골의 한적한 집을 구해 전원 생활을 하기도 했고 런던 시내 아파트에서 살기도 했다. 정치적으로 입지를 다진 후에는 장관으로서, 수상으로서 관저에 살기도 했다. "인간은 건물을 만들지만, 건물은 다시 인간을 만든다."라며 거주 환경을 중요시했다. 가족을 위한 집에 대해서도 남다른 의미를 부여했음직하다.

그의 생애에 가장 의미가 큰 집은 단연 블렌하임과 차트웰이다. 블렌하임이 처칠에게 명문가로서의 자부심과 존재감을 준 곳이라면, 차트웰은정서적 유대감과 가족애의 산실이라고 할 수 있다. 짧게 거주 했지만, 첫 번째 시골집이었던 롤렌덴도 정원가로서 그의 이력에서 빼놓을 수 없는 곳이다.

영국 Saville Garden ⓒ 성종상 2016년 7월

블렌하임궁 Blenheim Palace, London

처칠이 태어난 곳으로 유명한 블렌하임은 18세기 초 프랑스와의 전쟁에서 승리한 것을 기념해 앤 여왕이 처칠의 9대조 말버러 공작에게 선물로 하사한 것이다. 건축가 존 반버로우와 정원가 헨리 와이즈가 지은 것을 40여 년 뒤 조경가 란셀러트 브라운이 영국 풍경식 정원으로 완성했다. 장엄하고 화려한 건축물, 광대하고 그림 같은 정원과 호수 등이 곳곳에 배치된 기념비적 건축물이다.

'유럽에서 가장 아름다운 경관'이라는 찬사를 듣는 블렌하임은 앤 여왕의 영광과 영국 바로크를 대표하는 걸작이다. 역사적 명소로도 손색없는 곳이다. 전쟁에서 승리한 기념물인 동시에 당대 최고로 불리던 베르사이유궁을 능가하는 국가적 기념 건축물의 면모가 잘 드러나 있다. 처칠이 "내 인생에 중요한 두 가지(탄생과 결혼)가 결정된 곳"이라고 했을 만큼 그의 생애에 블렌하임이 지니는 의미는 크다. 1874년 블렌하임궁에서 출생한 처칠은 기숙학교에 들어갔던 7세 전까지 그곳에서 어린 시절을 보냈다. 블렌하임에 있는 다이애나 신전(The Temple of Diana)은 처칠이 34세 때에 열한 살이나 어린 클레멘타인을 만나 청혼한 곳이기도 하다.

결혼 후 허니문을 즐긴 곳도 블렌하임이었다. 이후로도 종종 찾았을 만큼 처칠은 그곳을 사랑했다. 8백만 제곱미터에 이르는 넓은 공원과 호수, 곳곳에 놓인 정원과 기념물들은 압도적인 스케일 속에서도 조용한 휴식과 안식을 취하기 그만이다. 처칠 관련 전시나 이벤트가 지금도 수시로 펼쳐지고, 사후 50주년이던 2015년 다이애나 신전 근처에 그의 기념정원이 조성되었다. 그의 그림이나 글에 자주 등장하는 블렌하임은 처칠에게 정신적으로 중요한 장소였다. 자신의 마지막 안식처를 웨스트민스터 사원이 아닌, 블렌하임 옆 작은 교회 묘지로 택했던 것도 그런 까닭이었을 것이다. 그렇게 90여 년에 걸친 그의 파란만장한 삶은 처음 출발한 블렌하임으로 되돌아와 막을 내리게 되었다.

블렌하임 궁 서측의 워터테라스에서 바라본 글라임 강

강이라고는 하지만 사실상 호수에 가깝다. 브라운이 영국 풍경식 정원으로 만들었다.
건물 주변의 정형식 정원과 그 주변의 광활한 풍경식 정원이 적절히 절충되어
'유럽 최고의 경관'이라는 찬사를 들었던 곳이다.
© 성종상 2018년 7월

처칠 사후 50주년인 2015년 블렌하임에 새로 조성한 처칠 기념정원

그가 처음 클레멘타인에게 청혼했던 다이애너 신전 바로 옆에 자리 잡고 있다.

© 성종상 2018년 7월

블렌하임 궁전(Blenheim Palace)

18세기 초반에 조성된, 영국 내 가장 큰 바로크 양식 궁전 블렌하임은

둘러싼 공원 면적만 800만m²가 넘을 정도로 장대한 규모를 자랑한다.

커다란 자부심이기도 했던 블렌하임을 처칠은 평생 자주 방문했다. © wikipedia common

룰렌덴 하우스 Lullenden House, Surrey

런던 남측 약 50km 지점 한적한 시골에 위치하고 있는 룰렌덴은 처칠이 42세 때 구입한 그의 첫 번째 시골집이다. 평소 혼잡한 도시를 벗어나 전원에서 생활하기를 원했던 처칠은 독일군의 공습으로 런던에서 가족들의 안전을 보장하기 어려워지자 1917년 봄 어머니의 도움을 받아 런던 외곽으로 이사를 단행했다. 혼잡하고 시끄러운 런던을 벗어나 31만 평방미터에 달하는 튜더식의 장원에서 그는 잠시나마 전원생활을 한껏 즐겼다. 저술에 몰두하는 틈틈이 그림을 그리거나 아이들과 정원에서 숨바꼭질을 하면서 놀기도 했다. 야생 벚나무, 백목련, 진달래, 만병초 등을 심기도 했다. 나중에 가족들이 '낡았지만 따뜻하고 친근한 집'으로 기억했을 정도로 그곳에서의 삶은 평화로웠고 특히 아이들에게는 천국과도 같았다.

하지만 구입한 지 얼마 되지 않아 처칠은 본의 아니게 룰렌덴을 자주 비우곤 했다. 그해 여름 다시 군수장관직을 맡게 되면서 임무상 런던이나 파리에 머물게 된 것이다. 이후에도 육군장관 겸 공군장관, 식민장관 등의 직책을 맡게 되고, 그가 없는 룰렌덴을 유지하는 부담이 커지면서 처칠부부는 그곳을 팔고 말았다. 그렇게 처칠 가족의 첫 번째 시골집에서의 삶은 불과 2년여 만에 아쉽게 끝나 버렸다. 하지만 집을 사거나 유지할 형편이 되지 못했던 처칠은 기회가 될 때마다 전원 속의 집을 빌려 즐기며 아쉬움을 달래곤 했다. 그리다가 뜻밖에 친척으로부터 유산을 물려받은 행운을 얻게 되면서 다시 시골집을 물색하기 시작했다. 3년 후 룰렌덴에서 멀지 않은 곳에서 차트웰을 발견하게 된다.

'영국의 정원'이라고 여겨지는 켄트 지방에 있는 차트웰은 처칠의 삶에서 뗄 수 없는 안식처로 평가된다. 생애 절반에 가까운 40여년 산 곳이기도 하지만 무엇보다 그가 각별한 애착을 가졌던 집이라는 이유가 크다. 시골 생활의 꿈을 안고 살만한 곳을 찾던 처칠에게 차트웰은 안성맞춤의 집이었다. 클레멘타인에게 그랬듯 처칠은 처음 그곳을 본 순간 사랑에 빠져 구입하고는 생을 마칠 때까지 그곳에 살았다. 처칠은 차트웰의 고요한 분위기와 경관, 특히 멀리 켄트지방 숲과 구릉으로 열린 남측 경관에 매료되었다.(그 조망은 다행히 크게 훼손되지 않은 상태여서 지금도 여전히 방문하는 이들의 눈을 즐겁게 해 주고 있다.)

차트chart 라는 단어는 켄트 삼림 지역에서 발견되는 '양치식물들과 덤불로 덮인 황량한 공유지'를 뜻한다. 차트 웰이란, 그런 곳에서 '샘이 솟는 땅'을 이르는 말이다.

처칠은 중세 때부터 사용되다 방치된 집과 주변 32만여 평방미터에 달하는 땅을 매입해 자신과 가족을 위한 집으로 개조해 나갔다. 몇 개의 방을 증축하면서 철저하게 조망이 확보되도록 하고 주택 옆으로 담을 쌓아 그 안에 텃밭과 화단을 조성했다. 건축업 노동조합에 정식 가입했을 정도로 능숙했던 벽돌쌓기 실력으로 처칠은 직접 담을 쌓고 그 안에 정원을 가꿨다. 담 안에 막내딸 메리를 위해 지어준 작은 벽돌집은 지금도 그대로 남아있다. 원래부터 있던 샘과 물길을 이용해 연못, 계류, 작은 폭포와 수영장, 호수와 섬을 만들었다. 개조공사는 예상을 훌쩍 넘겨 약 2년여가 걸렸다. 당초 구입비용의 5배 이상을 더 쓰고서야 겨우 끝낼 수 있었다.

하지만 넓은 초지와 호수를 둘러싼 숲을 제외하면 차트웰은 사실상 특별한 정원 요소가 크게 없다. 클라멘타인이 아꼈던 장미원과 테라스, 가족이나 방문객들과 놀이를 위한 잔디코트, 그가 즐겼던 수영장과 작은 연못, 텃밭 등이 건물 주변에 배치돼 있을 뿐 정원

대부분은 너른 초지와 호수, 숲이 차지하고 있다. 실제로 차트웰을 소개하는 한 책자에는 단순함을 정원의 매력이라고 소개한다. 일련의 연못과 호수, 계류는 너무나 자연스러워 마치 원래부터 있던 것처럼 보인다. 호수에는 친구로부터 선물로 받은 호주산 흑조 후손이 지금도 유유히 떠다니며 방문객을 맞이하고 있다. 위대한 영국인이 산책하며 꿈과 용기를 다진 곳이고 위대한 정신 승리의 현장으로 간주되는 차트웰은 지금도 수많은 사람이 방문하고 있다.

장미원에서 본 차트웰 집

집 북측 장미원에는 꽃을 유달리 사랑하고 파스텔조 색채를 좋아했던 처칠 부인 클레멘타인의 취향이 잘 반영돼 있다. 중세 때 이후 여러 용도로 사용돼 오던 집은 처칠이 대대적으로 수리해 가족의 안식처로 만들었다. ⓒ 성종상 2016년 7월

수영을 즐긴 처칠이 직접 설계한 수영장

처칠이 차트웰 샘에서 내려온 물을 모아 만든 것으로 아래로는 몇 개의 연못과 호수로 이어진다. 물을 데울 수 있는 난방시설까지 갖추고 있다.

© 성종상 2016년 7월

호수 끝에 새로 설치된 처칠 부부 동상

생전에 처칠은 자연스러운 호숫가를 거닐거나 앉아서 휴식과 명상을 취하곤 했다.
구입 당시부터 있던 연못은 켄트지방 조망과 함께 처칠이 이 땅을 사게 만든 중요한 매력요소다.
© 성종상 2016년 7월

본관 앞 잔디정원에서의 조망

정원은 집에서 멀어질수록 자연스러운 초원과 숲으로 이어진다. © 성종상 2016년 7월

호수 끝에서의 전형적인 영국의 전원풍경 © 성종상 2016년 7월

차트웰 배치도 © 작도 김준현

정원 끝 경계의 붉은 벽돌담은 벽돌 쌓는 기술을 자랑스럽게 생각한 처칠이 직접 쌓은 것이다. © 성종상 2016년 7월

THE GREATER
PART OF THIS
WALL WAS BU
ILT BETWEEN
THE YEARS
1925 & 1932
BY WINSTON
WITH HIS OWN
HANDS

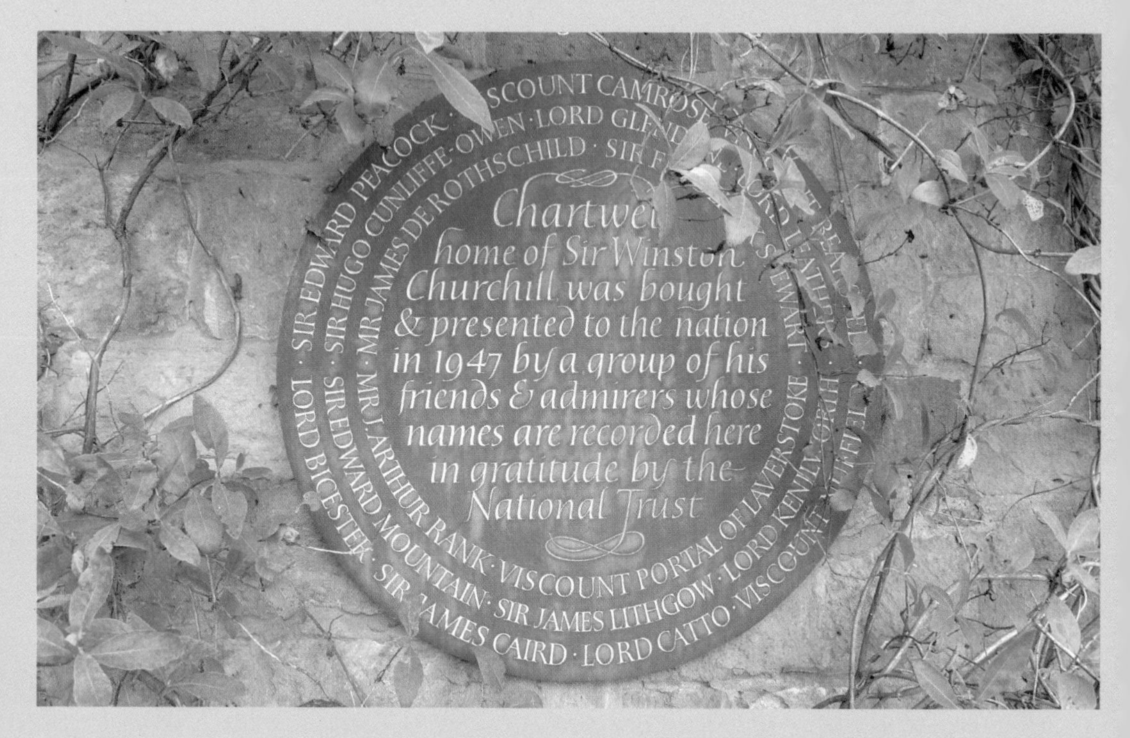

첫 번째 총리직을 마친 이후 처칠이 경제적 어려움으로 차트웰을 유지하기 어렵게 되자
친구와 지인들이 모금한 돈으로 내셔널트러스트가 구입하도록 해
처칠이 생을 마칠 때까지 살 수 있게 도왔다.
차트웰 건물 벽에는 그러한 사실을 알리는 명패가 붙어 있다.
© 성종상 2016년 7월

처칠의 여름철 휴식처 말보로 파빌리온(Marlborough Pavilion)

두 벽면과 지붕에는 처칠이 존경했던 선조 말보로 공작의 공적을 기리는 그림으로 장식돼 있다.

역사적 평가와는 달리 개인적으로 그는 적잖은 결점을 지닌 인간이었다. 다혈질에다 괴팍하고, 고집불통이었으며 평생을 우울증에 시달리기도 했다. 그런 그가 전쟁의 소용돌이나 정치적 갈등을 견뎌낼 수 있던 것은 틈만 나면 심취했던 그림 그리기와 정원일에서 얻은 마음의 위안과 평화가 중요하게 작용했을 것이다. 마치 평생을 떠돌이처럼 돌아다녔던 그에게 차트웰이 고향과도 같은 안식을 주었던 것처럼 말이다.

복잡한 세상사를 떨쳐버리고 자신만의 시간을 보내는 현장

피카소가 "다른 일을 안 하고 그림만 그렸어도 꽤 넉넉하게 살았을 것"이라고 말했을 만큼 처칠은 그림을 잘 그렸다. 하지만 그가 그림을 그리기 시작한 것은 나이 마흔이 넘고부터였다. 1915년부터 1950년대 말까지 그가 남긴 작품만 해도 550점이 넘는다. 인물화를 거의 그리지 않았던 그의 그림 중에는 차트웰 풍경이 많이 등장한다. 그만큼 차트웰은 세상사에서 벗어나 한적함 속에서 자신만의 시간을 보내기에 적격인 곳이었다.

심지어 전쟁 중에도 혼자 슬며시 런던 관저를 빠져나와 차트웰을 찾아 정원을 거닐며 하루를 보냈을 정도로 그는 차트웰을 아끼고 사랑했다.

특히 정치로부터 물러나 있거나 어려움에 부닥쳤을 때 그곳 연못은 평화와 안식을 구하는 장소였다. 작은 연못가 흰색 의자에 몇 시간이고 앉아서 물고기를 들여다보며 먹이를 주곤 했다. 전쟁과 정치 등 세상사에 치인 그를 차트웰의 건강한 자연과 정원이 치유해주었다.

어릴 적 받지 못한 부모 사랑을 구현하는 가족생활의 장

어릴 적 부모로부터 충분한 사랑을 받지 못했던 처칠에게 정원은 가족사랑 실현을 위한 장이었다. 그가 룰렌덴이나 차트웰을 각별하게 생각했던 것도 따지고 보면 가족들과 함께 시간을 보내고 싶은 욕구가 중요하게 작용한 것이라고 해석된다. 룰렌덴 정원 숲에서 동생 자녀들을 포함해 아이들과 숨바꼭질을 하며 즐겼다. 차트웰 정원 안에 자녀들을 위한 놀이용 나무 위 집과 벽돌집을 직접 지어주기도 했다.

처칠의 가족애는 지금도 차트웰 곳곳에서 찾아볼 수 있다. 정원의 넓은 초지 옆 고목에 매달린 그네에는 토끼, 새앙쥐 등 아이들 애칭을 새긴 그네가 있다. 장미원은 꽃을 유난히 좋아했던 아내 클라멘타인이 마음껏 색채 감각을 발휘했던 곳이고, 황금장미길은 자녀들이 처칠부부의 결혼 50주년을 기념해 선물한 곳이다.

차트웰 샘 바로 아래의 작은 연못

처칠은 난관에 처하거나 중요한 일을 앞두고는 연못가 흰 벤치에 앉아 조용히 명상을 즐기거나 물고기에게 밥을 주며 생각을 정리하곤 했다. © 성종상 2016년 7월

처칠의 화실 스튜디오

피카소가 "화가로도 생계에는 지장이 없었을 것"이라 평했을 만큼 그림에 소질을 보였던 처칠은 누구에게도 방해받지 않고 그림에 전념할 수 있도록 차트웰에 화실을 마련했다. 주로 정물이나 풍경을 그린 그의 그림은 550점이 넘는다. © 성종상 2016년 7월

Studio
Studio Closed

처칠이 막내딸을 위해 만들어 준 작은 벽돌집.

어린 딸들은 이곳에서 소꿉놀이나 독서를 즐기곤 했다.

© 성종상 2016년 7월

차트웰 정원 초원 큰 나무에 걸린 그네

처칠 딸들의 애칭이 그네에 적혀 있다. © 성종상 2016년 7월

장미원의 쉼터

장미를 사랑했던 클레멘타인이 자주 찾았던 곳으로 꽃과 향기를 함께 즐기기에 그만인 장소다.

© 성종상 2016년 7월

황금장미길(The Golden Rose Avenue)

처칠 부부의 결혼 50주년을 기념해 자녀들이 황금색 장미 품종만으로 모아 만든 경계 화단이다.
가족 사랑을 중시했던 처칠가의 아름다운 현장이다. © National Trust

자연과 아이들을 소중히 했던 처칠은 차트웰 숲속에 다양한 자연놀이터를 만들었다.
© 성종상 2016년 7월

빅토리아 시대 가치관에 입각한 인간애와 동물 사랑을 실천하는 현장

처칠은 업적만큼이나 과오도 많은 인물이다. 활동 무대는 20세기였지만 근본적으로 그는 19세기 빅토리안 시대 인물이었다. 제국주의자로서 인도 독립을 맹렬히 반대했고 인종차별적 주장으로 논란을 자초한 적도 많다. 하지만 그는 피고용인들에게 관대했고 주변의 가난하고 힘든 이들에게는 따뜻한 인정을 베풀었던 것으로 알려져 있다. 차트웰 근처 공유지에 무단으로 점유해 살던 이동식 주택 거주자가 사망한 후 미망인을 지방정부가 쫓아내려 한다는 사정을 알게 된 처칠이 자신의 영지 안에 살 수 있도록 배려해 준 적도 있다. (그 이동식 주택은 최근 정원 외곽 숲속에 재현되어 있다.)

그에게 있어서 정원은 동물들을 배려하고 보살피는 현장이기도 했다. 강아지를 사기 위해 아끼던 자전거를 팔았을 만큼 그의 동물 애호는 어릴 적부터 각별했다. 차트웰 정원에 나비관을 지어 유충을 부화시켜 정원에 방사하기도 했다. 한때 "대화를 나누기도 한다"고 말할 정도로 사랑한 흑조를 호수에 풀어 놓고는 애지중지 보살피기도 했다.

전쟁 중에도 애완견을 데리고 다녔던 그가 사랑한 동물은 돼지, 말, 소는 물론 심지어는 사자까지 키우려한 적이 있을 정도로 다양했다. 그가 아꼈던 동물들의 묘지가 차트웰 정원에 지금도 남아 있다. 꽃과 나무, 곤충과 물고기, 동물을 포함하는 자연이 인간과 조화롭게 공존하는 현장이었던 셈이다.

집 남측 테라스 곁에 마련된 애완동물 묘지

처칠이 특별히 사랑했던 애완견 루푸스와 고양이 조크 이름이 새겨져 있다. 동물들을 사랑했던 처칠은 개와 고양이뿐 아니라 돼지, 염소, 말, 새, 나비 등을 차트웰에서 기르고 보살폈다.

© 성종상 2016년 7월

차트웰의 나비집

처칠은 이곳에서 길러낸 나비를 정원에 방사하며 즐거워했다.

© 성종상 2016년 7월

정서적 유대감과 정체성 고양의 장으로서 정원

그가 아무런 연고도 없는 켄트지방에 정착하게 된 것은 어릴 적부터 그를 돌봐준 유모의 영향도 있었던 것으로 추정된다. 부모로부터 받지 못한 따뜻한 사랑을 대신해 준 유모는 "가장 친애하고 가까운 친구 이자 아플 때 가장 보고 싶은 이"라고 서슴치 않고 말했을 만큼 처칠에게 정서적으로 가장 소중한 존재였다. 그 유모의 고향이 바로 켄트였는데 어린 처칠은 그녀로부터 아름다운 켄트 지방의 풍경에 대해 자주 듣곤 했었다. 어릴 적부터 부모의 따뜻한 정이라고는 맛보지 못했고 성장한 이후에는 여러 곳을 떠돌이로 살아 온 처칠에게 마음 붙일 곳이 필요했을 것이다.

유모에게서 들었던 어릴 적 경관기억이 차트웰의 경관과 중첩되면서 자연스럽게 그곳을 자신과 가족들을 위한 정착지로 정하게 되었을 것으로 추정해 볼 수 있다. 차트웰에 정착한 이후 그는 자신을 켄터인(Kentish Man)이라 자칭하며 제2의 고향에 대한 자부심을 과시하기도 했다. 인간을 '땅의 동물'로 간주했던 처칠에게 차트웰이 바로 그런 땅이었던 셈이다.

스스로 "전쟁이 아니었으면 그냥 그런저런 정치인으로 생을 마감했을 것"이라고 한 것처럼 그는 전쟁이라는 위기를 통해 탁월한 능력을 발휘한 인물이다. 실패와 좌절 속에서도 성실과 정직, 용기를 무기로 삼았던 빅토리아적 가치관으로 무장한 처칠의 신념은 전쟁의 위기 속에서 빛을 발휘했다.

고요함 속에 정신적 안식이 있는 정원은 극도의 긴장과 위기로 가득한 전쟁터에서 그를 지탱해 준 정신적 지주였다. 어릴 적부터 독서와 글쓰기로 길러진 역사 인식과 상상력이 정원 생활을 통해 한껏 발휘됐을 것이다.

차트웰 키친 가든과 원경

담 너머로는 처칠을 매료시켰던 켄트지방의 구릉과 숲이 한눈에 들어온다.

© 성종상 2016년 7월

8

정조대왕

정조는 조선 제22대 왕으로 비극적인 죽음을 맞은 사도세자의 아들이다.
할아버지 영조의 보살핌 아래 성장한 정조는 최고의 성군 중 한 명으로 손꼽힌다.
개혁 군주의 역할을 충실히 수행한 왕이며
정치적으로는 영조를 계승하고 탕평 정책을 추진했다.
규장각을 활용해 학문정치를 구현했고 인재를 육성했다.
또한 정조는 수원화성을 비롯해 아름다운 정원 조성은 물론
정원문화에도 각별한 관심을 기울였던 조경가이기도 하다.
조선시대 임금 중에서 가장 많은 꽃과 나무를 심은 왕이다.

조선 왕 중 꽃과 나무를 가장 많이 심은_ 정조대왕

평생 슬픔으로 남은 아버지를 그리며 궁궐 후원에서 정치적 위상을 드높이다

정조 (1752년~1800년) © 수원화성박물관

mountains.
fields.
trees.
flowers.

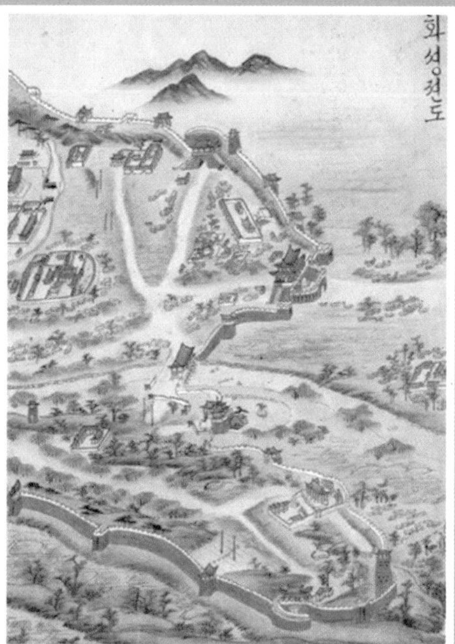

화성전도 〈정리의궤〉

화성은 정조와 정약용, 두 천재의 뜻과 솜씨가 빚어낸 걸작품이다.
갑작스러운 죽음으로 미처 이루지 못한 정조의 꿈이 담겨 있는 곳이다.

조선 최고의 문예왕 정조

조선 제 22대 왕 정조(이산 李祘 1752~1800)는 조선 후기 문예부흥과 개혁, 대통합을 이룬 군주다. 열한 살 어린 나이에 아버지 사도세자의 죽음을 목격했고, 이후 할아버지 영조의 강력한 지지에도 불구하고 죄인의 아들로서 왕위에 오르기까지 험난한 과정을 겪었다.

25세에 왕이 된 이후에는 타고난 영민함과 성실성, 바른 의지로 정치, 경제, 문예 등 국가 전반에 걸쳐 개혁을 추진해 나갔다. 각별한 애민 사상으로 민생을 안정시켰고 당파와 신분을 초월해 인재로 등용했다. 그로부터 학풍을 쇄신하고 학문을 크게 진작시켰다. 정약용을 비롯해 서유구, 박제가, 이득공, 이덕무 등이 정조가 발굴, 육성한 신진학자다. 이들은 개혁 정책을 추진하는 과정에 중요한 몫을 담당했다.

정조는 신하들은 물론 백성과도 적극적으로 소통하며 유교적 이상사회인 대동 사회 실현에 애썼다. 개인적인 염원과 국가적 통치 차원에서 추진한 화성건설은 개혁의 완결판으로 평가된다. 화성은 군사용 성벽이면서도 빼어난 건축미를 자랑한다. "아름답게 지은 성은 적에게 두려움을 준다."라고 한 정조의 발언에서 그의 창의적 역발상, 시대를 앞선 참신한 예지를 엿볼 수 있다.

짓는 과정에서 실사구시(實事求是/ 실험과 연구를 거쳐 정확한 객관적 사실에 판단함)에 입각한 신기술과 백성을 위하는 마음이 드러나는 노동력 활용에서 정조의 개혁적 생각을 엿 볼 수 있다. 국영 농장인 둔전(屯田)과 농업용수 확보를 위한 저수지 설치, 백성들의 소득증대를 위한 뽕나무·잣나무·밤나무 식재, 하천 제방을 비롯 곳곳의 버드나무·소나무·느티나무 같은 식재 정책에서 자급자족과 친환경, 경관까지 감안한 그의 앞선 비전과 철학을 엿볼 수 있다.

정조대왕, 정원가로 읽기

정원가를 직접 정원을 만드는 행위 여부로 규정하자면 정조를 정원가로 간주하기는 어렵다. 그가 정원을 직접 조성했다는 증거를 찾기도 어렵다. 하지만 필자가 그를 정원가로 간주하는 근거는 그가 정원의 효용을 남달리 발견하고 활용했다는 사실에 있다.

그가 즐긴 대표적인 정원은 창덕궁 후원이다. 후원 조성에 공을 많이 들인 왕으로는 세조, 인조, 숙종이 있지만, 왕조의 대표격 정원으로 후원을 가장 잘 활용한 이는 단연 정조다. 재위 24년 동안 주로 창덕궁에 머물렀던 정조는 보는 즐거움과 쉼, 유식, 성찰 같은 개인 차원뿐 아니라 자신이 꿈꾼 개혁과 치세를 세우는 방편으로 후원을 적극 활용했다. 팽팽한 정치적 긴장감을 풀고 유유자적하며 휴식과 명상을 취하기에 후원은 최적의 장소였다. 아버지를 죽음으로 내몰았던 기성 당파와의 갈등에 시달릴 때마다 정조는 아름다운 후원을 찾아 마음을 달래고 개혁의 꿈을 다지곤 했을 것이다.

정조는 혼자만 정원을 즐기는 데 머물지 않았다. 기회가 될 때마다 아끼는 신하들을 초대해 후원 곳곳을 직접 안내하며 함께 유람했다. 후원뿐 아니라 세심대 같은 한양 명소를 찾아 신하들과 시를 주고받기도 했다. 그만큼 정조는 정원이나 풍경 즐기기를 좋아했다. 군신창화(君臣唱和) 곧, 임금과 신화가 노래를 주고받는 문학적 놀이를 통해 문예를 지지하고 신하들과 정치적 유대감을 형성해 나갔다. 3월과 9월 두 차례 규장각 신하 전원에게 휴가를 주어 정자에서 풍류놀이와 독서를 하도록 했다. 학문을 독려하되 정원이나 자연 속에 머물며 휴식하는 것의 중요성을 강조했다. 여럿이 함께 나눔으로써 정원의 참맛을 제대로 즐긴 진정한 정원가였던 셈이다.

정조대왕의 정원

문무 통합형 군주의 권위와 이상 구현의 장

즉위하던 첫해에 정조는 내전에서 가까운 후원 입구 언덕 위에 2층 누각을 짓고 위층은 주합루, 아래층은 규장각이라고 이름 지었다. '주합'과 '규장'이라고 우주를 상징하는 이름을 붙임으로써 새로운 군주의 등장과 함께 자신이 우주 자연의 이치에 맞춰 정치를 펼치리라는 것을 내외에 당당히 선포했다. 죄인 사도세자의 아들인 자신을 둘러싼 왕위 계승에 관한 논란을 차단하고 새로운 군주로서 자신을 널리 알리는 자리로 정원을 택한 것이다.

이후 정조는 기회가 될 때마다 다양한 방식으로 후원을 개혁과 대통합 실현의 무대로 활용했다. 봄마다 후원에서 꽃구경과 낚시, 뱃놀이, 활쏘기 하는 특별한 모임장으로 사용했다. 내원상조회(內苑賞釣會/ 후원 내에서 낚시와 시를 즐기는 모임)를 정례화했고, 참석자들이 쓴 시문을 모아 『내원상화갱재축(內苑賞花賡載軸)』이라는 두루마리 형식의 문집으로 발간했다.

규장각 뒤 언덕에 흙을 부어 단을 짓고 소나무를 심어 송단(松壇)이라고 이름 지었다. 그리고는 "내려다보면 못이 있고 누대도 보이며 주위에 숲이 우거져 있어 좋다. 술을 마시거나 시 읊조리기, 바람을 쐬면서 거문고를 뜯을 만하다"고 칭송했다. 송단은 이후 정조의 명령으로 설치된 강화의 외규장각에도 그대로 조성되었다.

창덕궁 후원 규장각과 주합루

정조는 즉위한 그해에 후원으로 들어가는
입구 언덕 위에 누각을 짓고 우주를 상징하는
규장각(1층)과 주합루(2층)라는 이름을 붙였다.
2층 누각형의 건물을 언덕 위에 높게 지어
당당한 면모를 취했다.
이로써 새로운 왕의 등장을 널리 과시하려 했던
정조의 의도를 읽을 수 있다.
© 성종상 2017년 11월

규장각도 (김홍도 1776년)

정조는 즉위 첫해에 후원 입구 언덕 위에 2층 누각 규장각을 짓고
정치와 학문, 문화의 중추 기관으로 삼았다. 정조의 지시를 받은 김홍도가 30대에
그린 것으로 규장각이 그림 중앙에 과장되게 그려져 있다.
당시 정조가 부여한 정치적 의미와 위상을 짐작할 수 있게 해준다.
규장각 뒤에는 단을 지어 소나무를 심은 송단이 잘 묘사돼 있다. © 국립중앙박물관

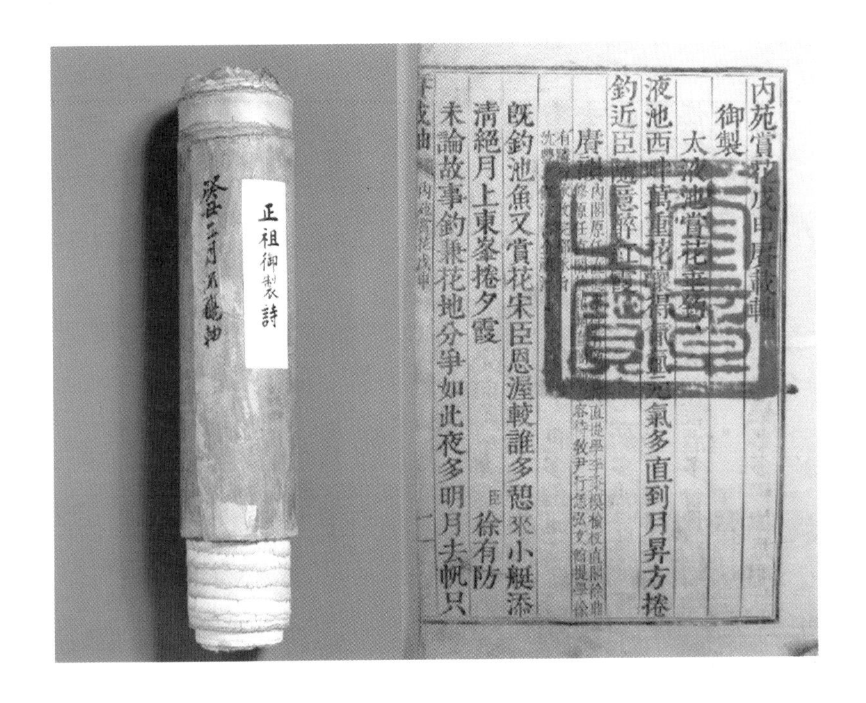

정조는 '내원상조회(內苑賞釣會)'를 정례화하고서
부용지 일원에서 신하들과 연회를 통해 만나 소통하고 시문을 창작했다.
사진은 정조가 지은 시문 두루마리와 내원상조회 시문

경모궁

경모궁은 정조의 아버지 사도세자를 모신 사당이다. 조선 왕조사 최대비극의 주인공인 사도세자가 뒤주 속에서 생을 마친 사건이 일어났을 때 정조는 겨우 열한 살이었다. 아무것도 할 수 없었던 정조는 왕이 된 첫해에 창경궁 건너 언덕 위에 아버지를 위한 사당을 짓고 경모궁이라고 이름 지었다. 첫해부터 꽃나무와 유실수 1,220주를 심은 정조는 매년 봄가을로 단풍나무, 소나무, 전나무, 가래나무, 매화, 살구, 복숭아를 길렀다.

연못을 새로 만들고 경내만 아니라 인근 산록에까지 나무를 심는 등 아름답게 가꿨다. 울창한 숲으로 자란 경모궁을 방문하고 기뻐하며 사계절마다 나무의 성장상태를 철저히 파악해 보고하도록 지시했다. 나무를 지속적으로 관리하기 위한 규정 〈식목실총〉(植木實總)까지 만들었다.

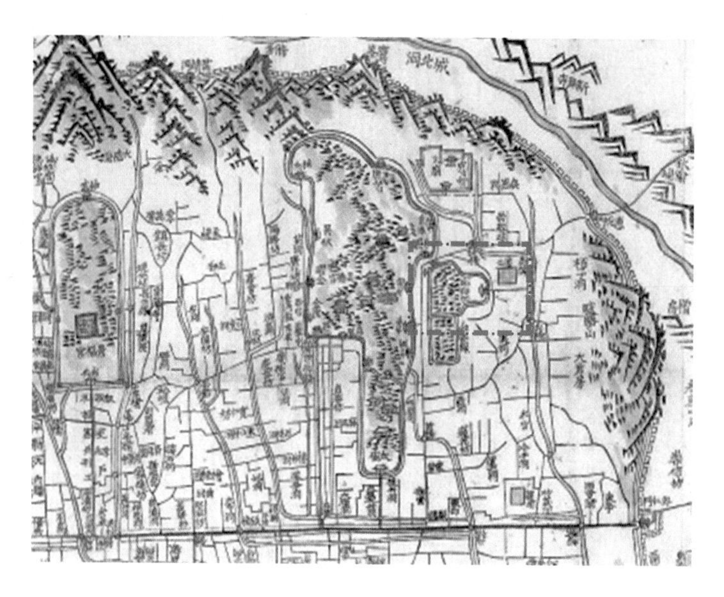

수선전도(19세기)에 표기된 경모궁과 연못(붉은 점선)

지금도 서울대학교 의과대학 구내에는 경모궁지(사도세자를 모신 사당)가 있던 곳에 표지판이 서있다.

수원 화성

우리 역사상 최초의 신도시로 불리는 수원 화성(水原 華城)은 정조의 효심과 함께 그가 꿈꾼 개혁과 왕권 강화의 의도가 깊이 깔려있는 정치적 산물이다. 동시에 우리나라 도시사에서 식목과 조경 정책이 도시계획 차원에서 전면적으로 시행된 첫 사례이기도 하다.

정조는 신도시 화성 안팎에서 대대적인 식목 활동을 벌였다. 거금의 국고를 내주면서 "화산이라는 이름에 걸맞게 꽃나무를 많이 심어라."고 지시했다. 성 안 매향동과 팔달산 등지에 소나무를 심고 수원천 양안 제방을 보강하면서 버드나무를 심어 아름답게 조성했다. 성 내의 상남지, 하남지, 북지, 동지, 상동지 등 다섯 연못은 기본적으로 홍수 때 물을 저장하고 성안의 주민들을 위한 생활용수를 확보하면서 아름다운 경관을 연출해 주는 복합 용도로 활용되었다.

정조는 신도시 화성의 경제 기반을 위해 대규모 저수지인 만석거를 만들어 쑥만 무성하던 땅을 비옥한 땅으로 변화시켜 가뭄을 극복하고 농업을 권장했다. 만석거를 중심으로 대규모 국영농장인 대유둔(大有屯)을 만들어 수리 기술을 활용한 최신 영농을 펼쳐 보이기도 했다. 뽕나무씨를 파종해 묘목을 기른 후 민가에 나눠 주고 성 안팎 곳곳에 심었던 것도 신도시 주민의 경제적 안정을 돕기 위해서였다.

수원 화성 방화수류정에서의 조망

당시에는 광교산, 청계산, 태화산은 물론 멀리 관악산까지 조망할 수 있었을 것이다.

© 수원시청

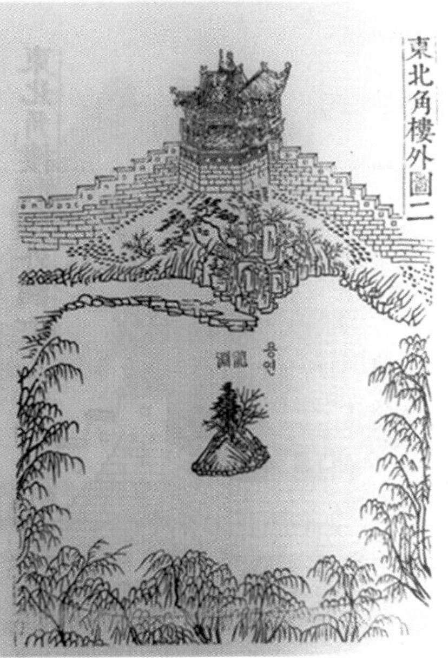

좌: 최근 발견된 채색 국문 『방화수류정외도』〈정리의궤〉
우: 『동북각루외도』〈화성성역의궤〉

화성의 동북쪽 높이 솟은 바위 위에 조성된 방화수류정은
방어와 보는 즐거움을 겸비한 건물이다.
정조는 이곳에서 신하들과 함께 활을 쏘기도 하며 즐겼다.
바위 절벽과 그 아래 연못 용연,
옆을 흐르는 시내까지 더해 다른 각루보다 많은 공사비가 들어갔다.
화성에서 미적 차원이 가장 중시된 곳이기도 하다.
〈정리의궤〉 © 프랑스국립도서관
〈화성성역의궤〉 © 국립중앙박물관

수원 화성의 방화수류정과 화홍문

군사용 시설이지만 화성은 빼어난 건축미를 자랑한다.
정조는 화성 행차 때 틈틈이 이곳을 찾아 시를 짓고 활쏘기하면서 즐겼다.
© 수원시청

융건릉의 곤신지

정조가 사도세자의 묘 앞에다 용의 여의주를 상징하며 만든 원형의 연못이다.

© 황인혁

현릉원

정조는 명당 화산(花山)에 아버지 사도세자의 묘를 이전하고는 현릉원(이후 고종 때 융릉으로 고침)이라고 이름 지었다. 묘역 남측에는 곤신지라는 원형의 연못이 있다. 아버지 묘를 이전한 다음 해에 정조가 그곳을 '용이 한가로이 여의주를 입에 무는 명당'으로 만들기 위해 조성한 곳이다.

묘역 주변도 꽃봉오리 모양과 12간지가 화려하게 새겨진 석물들을 설치해 왕릉에 준하는 수준의 격식을 갖췄다. 억울하게 돌아가신 아버지 묘를 나무들이라도 대신 지켜봐 주기 바라는 마음으로, 묘역 주변에 효의 상징인 가래나무와 소나무, 참나무 등을 많이 심어 풍치를 조성했다.

아픔을 치유하고 성찰하게 해 주는 청정 회복소로서 정원

정조는 감내하기 어려운 비극을 어린 나이에 겪었다. 할아버지의 적극적인 후원으로 왕위를 계승한 후에도 몇 번이나 살해 음모를 겪으며 왕권마저 불안하고 취약한 처지였다. 그런 정조에게 후원은 팽팽한 긴장감을 내려놓고 자신의 현재를 성찰하며 앞날을 대비할 생각을 하기에 적격이었을 것이다. 권력 투쟁과 왕권 다툼이 치열하게 펼쳐졌던 정치 현장에서 불과 몇 발짝 벗어난 곳이지만 후원은 완전히 다른 별세계였다.

자연스러운 산세와 지형을 크게 변형시키지 않고 인위적인 건물이 자연 수림 속에 포근히 자리 잡도록 만든 후원은 자연과 인간이 만들어 낸 완전한 건축의 표상이다. 정조는 조화로운 자연경관 속을 걸으며 잠시나마 복잡한 정치에서 벗어나 자기 내면을 들여다보고 심신을 재충전시켰을 것이다. 어릴 적 받은 내면의 상처를 치유하기도 했을 것이다.

후원 깊숙한 곳에 있는 소요암

시와 술을 매개로 한 곡수연(曲水宴)을 즐길 수 있는 곳으로
조선 역대 왕들이 즐겨 찾았던 후원의 명소다.
원래 있는 바위는 그대로 둔 채 곡선형 수로만 만듦으로써
자연과 인공 사이의 절묘한 만남을 살린, 대표적인 한국 정원 미학의 현장이다.
암반의 반듯한 면에는 인조와 숙종이 새겼다는 '옥류천'이라는 이름과 시가 새겨져 있다.
© 성종상 2012년 10월

후원은 주산 삼각산의 지맥인 응봉이 남으로 뻗어내려 이루는 작은 능선과
계곡이 이루는 지형에 있다.
그곳에 적절하게 정자와 연못을 배치해 자연과 어우러지는 인공미가 걸작을 이룬다.
정조를 비롯해 역대 왕들은 후원을 개인적 공간은 물론
학문과 사상 소통을 하는 공간 정치의 현장으로 적극 활용했다.
사진은 관람정과 승재정, 존덕정을 안고 있는 반도지 주변 모습이다.
ⓒ 성종상 2017년 11월

왕권 강화를 위한 상징적 표상으로서 정원

즉위 첫해 정조는 창덕궁 후원 높은 언덕 위에 규장각을 짓고는 할아버지 영조와 관련된 문집과 자신의 초상화를 보관하도록 했다. 언덕 위 높은 단에 우뚝 솟은 2층 누각은 시각적 구도만으로도 강력한 군주로의 권위를 반영하기에 손색이 없다.(후원 전체에서 2층 누각은 규장각이 유일하다.) 절대적 위상을 지녔던 영조의 업적을 자기 얼굴과 함께 보관하게 해 개혁정치를 뒷받침하는 정책연구소로서 규장각의 위상을 부각했다. 왕과 신하의 관계를 물과 물고기로 비유한 어수문(왕만이 출입할 수 있도록 만든 규장각의 문 이름)에도 그와 유사한 정조의 의도가 잘 담겨 있다.

후원 안쪽 구역 존덕정에도 군주로서의 권위 확립에 성공한 만년의 정조가 남긴 흔적이 남아있다. 육각정에 2중 처마, 정교한 목공예로 장식된 존덕정에는 '만천명월주인옹(萬川明月主人翁)'이라고 쓴 편액이 걸려 있다. '냇물은 만 개여도 달은 오직 하나로서 그 모두를 비추는 것처럼 임금은 만백성을 위한 유일 존재'라는 뜻이다. 군주로서의 권위와 자신감을 만천하에 과시하려는 정조의 당당함이 잘 드러나 있다.

부용지 제방에 새긴 물고기 상

당시 규장각에서 공부했던 신진학자들과 과거 시험 응시자들에게 입신양명(자기 뜻을 확립하고 인정받아 유명해짐)의 꿈을 잊지 않게 하려는 의도라고 볼 수 있다. © 성종상 2012년 10월

규장각에서 내려다본 어수문과 부용지

어수문은 임금과 신하의 관계를 물과 물고기에 비유해 지은 이름으로
군신창화(君臣唱和/ 임금과 신하가 노래로 화합)를 주창했던 정조의 뜻이 잘 담겨 있다.
© 성종상 2017년 11월

창덕궁 후원 존덕정과 정조가 쓴 만천명월주인옹자서(萬川明月主人翁自書) 현판

육각정에 겹처마, 화려한 용무늬로 잔뜩 멋을 부린 정자.
정조는 자신을 뭇 내(川)를 비추는 달과 같은 존재로 비유하며
군주로서의 자신감과 소명감을 당당히 드러냈다.
연못가에는 정조가 심었다고 전하는 은행나무가 남아 있다.
ⓒ 성종상 2017년 11월

공간 정치를 구현한 장으로서 정원

후원은 정조가 구사한 고도의 공간 정치의 현장으로 간주된다. 상화조어연(賞花釣魚宴, 꽃 구경과 낚시를 즐기는 연회), 내원상조회(궁궐에서 낚시와 시를 지으며 즐긴 모임명) 등을 통해 정치적 입장과 견해를 달리하던 이들까지 후원에 초대해 유람이나 연회에 동참시켰다. 이로써 정파를 초월한 소통과 공감대를 형성하고자 했다. 후원의 상화조어연에 초대 받았던 강세황은 "어찌 우리 임금께서 이 미천한 신하들을 몸소 안내하시면서 아름다운 경치를 일일이 알려주시고 따뜻한 말씨로 한 식구처럼 대하시는가?" 라며 벅찬 감동을 토로하기도 했다.

왕실 전용인 후원을 신하들에게 공개해 함께 즐김으로써 정조는 당파를 초월한 교감과 지지를 끌어낼 수 있었다. 군신동행(君臣同行/ 임금과 신하가 함께 함)과 군신동락(君臣同樂/ 임금과 신하가 함께 즐거워함)을 실천하는 공간으로 활용해 정원의 정치적 효용을 극대화한 셈이다.

영화당에서 내다본 부용지와 어수문

정조가 부용지 권역에서 연회를 베풀거나 시험을 치를 때 주요 거점으로 활용되던 곳이다.

© 성종상 2017년 11월

존덕정
규장각
부용종
영화당
규장각
부용종

정조는 수시로 신하들을 초대해 직접 안내하며
후원을 소통의 장으로 활용했다.
왕실 전용의 금지된 곳을 왕이 직접 초대해 안내까지 해주는
후원 유람에 함께해 아름다운 정원을 거닐다 보면
아무리 뜻을 달리하는 정적이라도
어느 정도는 마음을 열 수밖에 없었을 것이다.
붉은 점선은 강세황의 글을 토대로
당시의 경로를 추정해 본 것이다.
© 홍형순의 논문(2014)을 토대로 재 작도

문무를 겸비한 통치자의 권능을 과시하는 무대로서 정원

조선의 역대 왕 중에서 문예에 조예가 깊으면서 무예까지 탁월했던 정조는 후원을 문무의 경연장으로 활용했다. 성균관에서 공부하던 유생들과 젊은 학자들을 뽑아 규장각에서 공부시켰던 초계문신들에게 시험문제를 출제하고 직접 채점해 상을 주곤 했다. 재위 24년 동안 정조가 출제한 시험 문제가 1,100여 편이 넘을 정도이고 정약용 같은 이도 불평했을 정도라고 하니 당대 최고의 영재들에게 고강도 공부를 제대로 시킨 셈이다. 규장각과 영화당, 그 앞마당 춘당대(春塘臺)는 정조가 친히 그 같은 시험을 감독하고 학문을 논하며 활쏘기 같은 무예를 연마했던 장소들이다.

아버지가 죄인이었던 데다가 당시 정치 세력 구도에서 취약했던 정조가 빠르게 왕권을 확립하고 개혁을 이룰 수 있었던 데에는 후원이라는 특별한 장소에서 문무 양면에서 타고난 재능을 한껏 발휘한 전략이 중요하게 작동했을 것이다. 후원은 정조가 군주로서 자신의 힘을 당대 세력자들에게 과시하고 확인시키는 무대였던 셈이다.

왕과 신하가 함께 하는 문화예술의 생산 및 향유의 장

정조는 시문은 물론 서예와 그림, 음악에도 일가를 이뤄 문화 군주로서의 면모를 두루 갖춘 이였다. 정조의 타고난 예술적 소양도 중요했을 테지만 최고의 정원 후원이 있었기에 가능했을거라는 추정도 가능하다.

조선 역대왕 중에서 전문시인에 가까웠던 정조는 후원을 산책하면서 접한 정경들을 여러 편의 시로 풀어냈다. 정조가 후원에서의 감흥을 지은『상림십경 上林十景』에는 주요 명소에서의 정취가 계절과 시간대별로 섬세하게 드러나 있다. 정조의 친필도 후원 곳곳에 잘 남아있다. 시와 그림 같은 예술을 위한 소재이면서 체험하는 현장이자 무대라는 정원의 기능이 후원에서도 여실히 작동된 셈이다.

조선 최고의 식목왕으로 평가될 만큼 정조는 많은 나무를 심었다. 신시가지 화성은 물론 현륭원에 대대적으로 나무를 심되 꽃나무, 유실수, 뽕나무, 소나무, 가래나무, 참나무를 각 장소별, 용도에 맞춰 심었다. 나무로 풍경을 이루면서 신시가지 주민들의 소득 창출까지 도모했다. 지지대 고개를 지나 화성으로 들어가는 길목에 심은 소나무들은 현재의 노송길로 남았다. 사도세자 혼백을 달래기 위해 만들어진 용주사에는 정조가 심었다고 하는 회양목이 최근까지 살아 있었다.

정조에게 정원은 개인적으로는 내면의 상처를 달래고 타고 난 본성을 일깨워 준 청정회복소였다. 천재적 재능과 취향을 발휘하고 향유하는 무대였다. 화성과 용주사, 경모궁에는 아름다운 정원과 조경을 부모님께 효도하는 방편으로 활용하려 했던 정조의 속내가 담겨 있다.

공적으로는 신하들과의 학문과 사상을 소통하고 공감하면서 왕으로서의 권위를 대내외에 과시하는 장이기도 했다. 오늘날 정조는 자기반성 능력과 통제력에서 탁월했던 인물로 평가받는다. 아마도 그 이면에는 정조가 정원의 복합적인 가치를 누구보다도 잘 알고 활용한 것이 중요하게 작용했을 것이다.

9

클로드 모네

클로드 모네는 프랑스에서 태어났다.

인상주의 스타일의 창시자, 지도자, 불변의 옹호자로 평가받는 화가다.

같은 주제의 반복적인 연구를

시리즈로 제작하는 방법을 개발 함으로써 작품의 완성도를 높였다.

인상주의 화가로서 그의 작품은 빛과 색의 변화를 포착하는 것으로 유명하다.

그의 인기는 20세기 후반에 급상승했으며 박물관 전시회는

기록적인 관중을 끌어모았다.

클로드 모네는 1883년부터 죽은 해인 1926년까지

프랑스 지베르니의 집에서 거의 43년 동안 살았다.

현재 모네 재단이 운영하는 집과 정원에는

매년 수십만 명의 관광객들이 찾아오고 있다.

빛과 바람, 시간에 따라 변하는 꽃과 나무에서 최고의 화가로 탄생한 사람_**클로드 모네**

꽃과 나무와 빛으로 땅에 그림을 그리다

모네 (1840년~1926년) © 펠릭스 나다르

mountains.
fields.
trees.
flowers.

클로드 모네, 빛과 인상의 화가

오스카 끌로드 모네(Oscar Claud Monet 1840-1926)는 서양 미술사에서 가장 인기 있는 화가로 평가된다. 그가 인상주의의 창시자로 불리게 된 데에는 세느강 하류 항구도시 르아브르에서 바닷가 풍경과 자연을 온몸으로 접한 어린 시절의 경험이 중요하게 작용했다.

특히 굴곡이 많은 해안과 바닷가 풍경, 거기에 변화무쌍한 날씨와 기상 현상은 자연을 중시하는 그의 예술세계에 중요한 원천이 되었다. 실제로 자연에 관한 남다른 관심과 애착을 가졌던 모네는 어릴 때도 종종 학교를 빼먹고 해변 절벽이나 모래사장을 걷곤 했다. 주변 자연과 사물(풀과 나무, 파도와 바다, 바위, 구름, 햇살, 항구, 배 등)을 시간 가는 줄 모르고 즐기곤 했다. 그런 취향은 고스란히 그림에 반영돼 모네는 평생 '빛은 곧 색채'라는 인상주의 원칙을 고수했다. 같은 사물이 빛에 따라 어떻게 변하는지 탐색하는 화가로 만들어 준 것이다.

아틀리에를 벗어나 프랑스 북부 해안과 세느강변 등 풍광이 아름다운 곳을 찾아 여러 곳을 다녔다. 그러다가 중년 이후 자신이 찾는 빛과 풍경이 정원에 있음을 깨닫고는 정원을 가꾸며 그 속에서의 다른 순간을 그림에 담으려 애썼다. 당시로는 긴 86세라는 삶을 살았던 그는 그림 그리기와 정원 가꾸기에 열중해 탁월한 업적을 남겼다. 그의 작품은 일련번호가 매겨진 것만 해도 총 2,050점에 달한다.

정원가 모네

역사상 저명한 인물 중에는 정원을 즐긴 이들이 많다. 그중에서도 화가들의 정원 사랑은 각별한 편이다. 모네 말고도 다빈치, 세잔, 르누아르, 고호, 놀데, 칸딘스키, 클레, 달리, 문징명, 송휘종, 강세황, 김홍도에 이르기까지 예를 들면 끝이 없을 정도다. 아무래도 정원이 가진 예술적 속성과 무관하지 않을 것이다. 색채, 질감, 형태, 선과 그것들의 배합이나 구성 등 그림과 정원이 공유하는 부분은 의외로 많다.

하지만 서양 예술사에서 정원의 위상과 의미를 부각한 사람으로 모네만한 인물은 드물다. 비록 화가로 더 알려져 있기는 하지만 "내가 화가가 된 건 아마도 꽃 덕분일 것"이라고 말했을 만큼 정원에도 큰 열정을 쏟았던 것으로 유명하다. 당시 화단의 기존 통념을 거부하면서 새로운 화풍을 찾아 고심한 그는 화실을 벗어나 파리 근교 세느강 주변으로 그림 여행을 자주 다녔다. 경제적 사정도 있었지만, 마음에 드는 풍경을 찾느라 이사도 여러 번 다닌 그는 사는 곳마다 정원을 가꾸며 즐겼다.

도시의 세련된 환경이나 군중들을 피해 혼자 조용히 그림에 몰두하기를 원했던 그가 택한 거주지는 대체로 파리를 벗어난 세느강변 조용한 곳들이었다. 과수원, 포도밭, 야생화 초지로 둘러싸인 주택에는 이쁜 정원까지 갖춰져 있어서 굳이 세느강이 아니라도 평화로운 일상 풍경을 어렵지 않게 그려낼 수 있었다.

자신의 그림 모델이었던 까미유와의 신혼생활을 시작한 아르장퇴유(Argenteuil), 예쁜 정원과 풍경을 갖고 있었지만, 까미유를 잃는 슬픔을 겪었던 뵈테유(Vethetuil), 이후 푸아시

(Poissy)를 거쳐 숨을 거둘 때까지 살았던 지베르니(Giverny)는 정원가로서 그의 이력에서 빼놓을 수 없는 곳들이다. 그중에서도 가장 대표적인 장소는 단연 지베르니다.

지베르니는 그가 정원일과 그림 그리기 모두에 엄청난 정성을 쏟은 곳이다. "가진 돈 전부를 정원에다 쏟아부었지만 그래도 황홀하기만 하다"라며 정원 가에 온실을 만들어 좋아하는 꽃과 희귀종을 사 모았다. 미학책보다 원예 서적이나 카달로그를 더 많이 본다고 했을 정도로 정원 공부에 열중했다. 그런가 하면 정원을 사랑하는 화가, 비평가, 소설가와 교류하며 원예종, 씨앗, 구근에 관한 지식도 넓혔다. 이렇게 보면 모네는 정원사로 불려도 손색이 없을 만큼 원예나 가드닝 지식과 기술을 풍부하게 갖춘 사람이었다.

아르장퇴유 Argenteuil, 1871~1878

1871년 겨울. 모네는 1년 전 결혼한 까미유와 이미 5살 된 큰아들 장과 함께 아르장퇴유로 이사했다. 파리 북측 약 11km 세느강변에 위치한 한적한 교외라 활기찬 파리 예술계와 멀지 않으면서 가족과 정원을 가꾸며 조용히 그림 그리기 좋은 곳이었다. 이후 약 6년 동안 모네는 그곳에서 자신만의 스타일을 찾아 그림을 그리기 시작했다. 이듬해 봄 집 주변의 꽃밭, 포도밭은 물론, 야생 양귀비와 아이리스가 흐드러지게 핀 초원과 들판을 즐기며 예술적 영감을 기르기 시작했다. 작은 보트를 화실로 개조하고는 세느강 풍경과 다리, 보트도 자주 그렸다.

생라자르역에서 기차로 불과 15분 밖에 걸리지 않은 아르장퇴유는 당시 잘 나가는 동네였다. 주말이면 파리시민들이 찾아와 세느강변을 산책하거나 보트 타기를 즐겼다. 인상파 화가들은 그런 시민들의 일상과 마을 풍경을 그리느라 자주 찾아왔다. 그러다 보니 모네의 집은 알프레드 시슬리, 오귀스트 르느와르, 에두아르 마네, 구스타브 카일보트, 에

드가 드가, 카밀 피사로 같은 친한 화가들에게 중요한 만남의 장소가 되었다. 그들은 모네 가족과 식사하며 예술을 논하고 새로운 아이디어를 공유하며 세느강과 다리, 예쁜 거리와 정원을 그렸다. 그렇게 아르장퇴유는 빠르게 인상파 화가들의 거점이 되었고 수많은 명화가 탄생했다.

모네에게도 아르장퇴유에 머문 6년은 그의 전 생애를 통틀어 가장 생산적이면서도 행복했던 때였다. 사랑하는 아내 까미유와 함께 정원을 가꾸며 근처 목초지나 과수원, 세느 강변을 산책하며 그림 그리는 것이 일상에 되었다. 그는 그것에 매우 만족해했다. 당시 그의 그림에는 밝고 따스한 햇살 아래 화사하게 핀 꽃들 사이를 여유롭게 거닐고 있는 아내와 아들 모습을 담은 것들이 여럿 있다. 르느와르와 마네도 모네와 가족들이 정원에서 즐기거나 일하는 모습을 그렸다. 하지만 아르장퇴유가 산업화와 인구 증가로 전원적 풍경을 상실하게 되면서 모네는 더 조용한 곳을 찾아 뵈퇴유로 이사하게 된다.

The Monet Family In Their Garden At Argenteuil, E. Manet, 1874 © Artvee.com

© Claude Monet, The Artist's Garden at Vétheuil, 1881 © Artvee.com

아르장퇴유가 산업화와 인구 증가로 전원적 풍경을 상실하게 되자 경제적 어려움까지 더해진 모네는 1878년 9월 파리에서 북서로 65km 정도 떨어진 뵈퇴유의 작은 집으로 이사하게 된다. 둘째 아들을 낳으면서 건강이 더욱 나빠진 까미유를 위해 맑은 공기와 깨끗한 환경을 찾으려는 것이기도 했다. 하지만 그런 노력에도 불구하고 까미유는 그 이듬해 32세 젊은 나이로 생을 마감하고 만다.

경제적 궁핍에다 아내를 잃은 슬픔까지 겪은 그는 한동안 세상과는 단절하듯 주변 자연과 풍경을 미친 듯이 그렸다. 혹한 속에서 얼음과 눈으로 뒤덮인 들판을 돌아다니며 그린 일련의 겨울 풍경들은 차가운 색조로 황량함과 쓸쓸함이 가득하다. 인간 삶의 흔적이라고는 찾기 어려운 풍경들에는 원초적 미학과 고독감이 절절히 배어 있다. 화가로서 자신이 추구하려는 궁극적인 방향성에 대한 근본적인 고뇌와 성찰과도 무관하지 않았을 시기다. 예술사가들은 모네의 삶과 예술에 있어서 이 시기를 매우 중요한 전환기로 평가한다.

하지만 그런 정신적 갈등과 고심 속에서도 모네는 정원 가꾸기를 멈추지 않았다. 굽이지는 세느강이 내려다보는 언덕의 이쁜 분홍색 집 주변을 두르는 나무 울타리와 작은 문도 만들었다. 강으로 이어지는 경사지에는 계단과 테라스 정원을 조성했다. 계단 좌우에 해바라기를 잔뜩 심고 파랑과 흰색 화분에는 붉은 꽃을 심어 가꿨다.

모네는 이사 가는 곳마다 크고 작은 화분에 자신이 좋아하는 국화, 다알리아, 글라디올러스를 심어 배치했다. 뵈퇴유를 떠나기 몇 달 전에 그린 <뵈퇴유 화가의 정원> 그림에는 경제적으로나 정신적으로 힘들었지만, 정원에서 가족애와 평화를 찾은 그의 마음이 잘 드러나 있다. 키를 넘기는 해바라기가 만발한 가운데 아들이 집 앞 정원에 놀고 있고 그 뒤로는 여성(앨리스)과 작은아들이 지켜보고 있는 장면에서 정원과 가족에 대한 모네의 마음을 엿볼 수 있다. 마치 곧 떠날 장소에서 소중한 추억을 영원히 기억 속에 붙잡아 두기 위한 것처럼.

아르장퇴유보다 훨씬 조용하고 전원적이었던 뵈퇴유에서 모네는 3년이라는 짧은 기간 동안 300여 점의 그림을 그렸다.

지베르니 Giverny, 1883~1926

파리 북서쪽 약 80km, 세느강이 앱트강과 합류되는 지점에 위치한 지베르니는 모네의 삶에서 매우 중요한 자리를 차지하는 곳이다. 1883년 정착한 이후 사망할 때까지 43년간, 생애의 딱 절반을 지낸 곳이다. 그의 대표작인 수련 그림을 탄생시킨 현장이 바로 지베르니다. 그의 그림에서 꽃과 정원이 차지하는 비중이 지베르니에 정착한 이후부터 급증하기 시작하다가 생애 후반 25년간은 거의 주류를 이룬다. 이로써 모네의 예술에서 차지하는 지베르니의 위상을 짐작할 수 있다.

모네는 지베르니에 두 개의 다른 정원을 만들었다. 집과 담장으로 둘러싸인 정형식 색채 화단(Le Clos Normand)과 도로 건너편 물의정원(Le Jardin d'Eau)이다. 정형식 색채 화단은 영국 정원가들의 정원 이론을 따라 조성한 다채로운 꽃밭이다. 건너편 물의정원은 도로 건너편 습지에 만든, 모네의 일본 취향과 자연에 대한 태도가 잘 담긴 곳이다. 정형식 색채 화단이 밝고 화사한 색채로 보는 사람들을 매료시킨다면, 물의 정원은 신비로운 분위기와 청량감으로 사람들을 빠져들게 한다.

집 앞 완만한 경사지에 기하학적으로 땅을 구획해 만든 정형식 색채 화단은 단순히 꽃을 즐기기 위한 곳만은 아니다. 모두 50개가 넘는 화단에 화가로서 자신의 미적 감각과 원예 지식을 한껏 동원해 화려한 꽃밭으로 만들었다. 좋아하는 꽃의 색, 질감, 형태, 키에 따라 꽃을 심고 일년 내내 즐길 수 있는 꽃 팔레트처럼 연출했다. 색, 질감, 형태에 관한 모네의 예술적 실험장이었다. 꽃으로 그린 캔버스고 그림인 셈이다.

색채화단에서 본 건물

모네는 꽃뿐만 아니라 건물 벽면과 창문틀, 정원 안 트렐리스, 벤치, 다리의 색상까지
자신만의 색채감각으로 구사해 칠했다.

건물에서 내다본 색채화단

화단 끝 숲이 무성한 곳이 물의 정원이다.
그 너머로 멀리 세느강 계곡을 이루는 산이 보인다.
ⓒ 성종상 2016년 8월

색채화단 쉼터

화사한 꽃 사이의 의자에 앉아 잠시 쉬노라면 절로 평화와 안식을 맛볼 수 있게 된다.
ⓒ 성종상 2016년 8월

지베르니 건물에는 커다란 창문으로 바깥정원과 쉽게 연결된다. ⓒ 성종상 2016년 8월

색채화단 내 꽃 시렁

으아리 꽃과 라벤더의 핑크색 꽃이 인상적이다.

© 성종상 2016년 8월

물의 정원은 지베르니에 정착한 지 10여 년이 지난 시점에 길 건너 습지를 매입해서 만든 정원이다. 그곳은 세느강과 연결된 곳으로 모네가 오랫동안 눈여겨봐 온 곳이었다. 그는 물을 오염시킬까 봐 염려하는 주민들을 적극적으로 설득해가면서 세느강 지류에서 물을 끌어들여 작은 연못을 만들었다. 수련, 창포, 등나무, 수양버들을 심고 일본식 다리를 설치했다. 연못은 후에 물줄기를 돌려 더 크게 만들어졌고 일본산 모란과 대나무로 이국적 정취를 더했다.

모네는 이 두 정원 외에도 지베르니 집에서 조금 떨어진 곳에 채소원(Le Potager)을 소유하고 있었다. 두 번째 부인 앨리스와 그녀의 자녀 6명을 포함해 10명이나 되는 가족 외에도 요리사와 정원사 등 대식구를 위한 먹거리를 제공해 주는 텃밭이었다. 집 안 장식을 위한 절화용 화훼류도 길렀다. 토양을 비옥하게 유지하기 위해 작물을 순환시켜 경작하면서 새로운 품종을 실험적으로 재배한 곳이기도 하다. 이곳에서 모네는 일본과 중국에서 수입한 수련과 창포, 아티초크 등을 재배하며 소개하기도 했다. 모네는 이국적인 식물과 새로운 품종에 대한 실험적 정원가로서의 면모를 보였다. 인상주의 화풍을 창안해 낸 그의 예술가적 정신과 연결해 볼 만한 대목이다.

지베르니 집과 정원은 화가로서 모네의 디자인 감각을 엿볼 수 있는 곳이기도 하다. 집 외벽은 물론 창틀, 문, 난간, 계단의 건축요소와 손수레, 트렐리스, 아치, 벤치, 연못의 배 같은 정원 시설물까지 꽃 색깔과 잘 어울리도록 색칠했다. 집과 정원을 조화롭게 통합시킨 것이다. 꽃밭에는 짙은 채도의 식물은 가까이에, 옅은 것은 멀리 배치해 화단을 더 길어 보이게 하는 원근법 효과를 강조했다. 정원 내 주 통로와 대문, 길 건너에 설치한 일본식 다리를 하나의 시선으로 연결해 볼 수 있도록 묶어 두 개의 다른 정원을 하나로 연결했다.

그렇게 예술적 감각이 잘 적용된 정원은 그 자체로 그림 소재로 손색이 없었다. 하지만 지베르니에 정착한 후 한동안 그는 정원 만들기에만 집중했을 뿐 어느 것도 그림의 대상으로 생각하지 않았다. 한동안 빛에 따라 변화하는 풍경을 좇아 세느강 하류나 노르망디 해안, 심지어는 네덜란드나 지중해 연안까지 여러 곳을 여행하기도 했다. 그러다가 정원이 꼴을 갖추게 되면서 자신이 그토록 찾던 것들, 즉 하늘, 햇빛, 물, 나무와 꽃이 정원에 있다는 것을 깨닫고는 그림에 담기 시작한다.

그릴 생각 없이 좋아서 기르고 있던 수련을 "그림 대상으로 받아들이는 데 시간이 좀 걸렸다"고 고백하기도 했다. 풍경은 하루아침에 마음에 스며드는 것이 아니라고 했던 그는 정원의 참모습을 발견한 이후로는 다른 모델을 그릴 생각을 하지 않았다. 정원 그리기에 몰두한 것이다. 그가 정원을 그리기 시작한 것은 정착한 지 13년이 지난 1896년부터였다. 이후 연못에 매료되기 시작하고 죽을 때까지 300점이 넘는 그림을 그렸는데 그중 대부분은 수련을 그린 것이었다.

최대 8명까지 이르렀던 정원사들은 각기 담당 영역을 맡고 있었다. 그중 물정원 담당자의 일과는 매일 아침 수련과 수초를 솎아내고 햇빛을 담아낼 수면을 확보하는 일이었다. 더불어 수련 잎들의 먼지를 닦아 윤기를 머금게 하는 것이었다. 그러고 나면 모네는 오후 늦게 연못으로 나가 해 질 녘까지 빛의 변화를 유심히 살피며 수면 위로 드리우는 수련과 수양버들, 하늘과 구름이 바람에 흔들리며 춤추듯 변화하는 순간을 포착해 그림으로 그렸다. 연못가에 여러 개의 캔버스를 설치해 두고서 시시각각 변하는 빛과 그림자, 대기와 날씨의 미묘한 변화를 담은 연작으로 그려내곤 했다.

색채화단의 큰 원로(Grand allee)

아치 끝 지점의 대문을 열고 나가 도로를 건너면 물의 정원 일본식 다리로 연결된다.

© 성종상 2016년 8월

물의 정원 일본식 다리 위에서 본 풍경

모네는 습지를 개조해 연못을 만들고

일본산 수련, 창포, 능수버들, 대나무를 구입해 이국풍의 물의 정원으로 만들었다.

© 성종상 2016년 8월

물의 정원 내 작은 배

당시에는 매일 아침 일찍 작은 배를 타고 연못의 수초를 제거해
하늘과 구름을 담을 수면을 확보하거나
밤새 수련잎 위에 앉은 검댕이나 먼지를 닦는 전담 정원사가 있었다.
Ⓒ 성종상 2007년 6월

이후 모네는 백내장으로 시력을 잃어가면서도 혼신을 다해 그의 마지막 작품인 수련 대장식화를 완성했다. 그것은 1차 대전 승리를 축하하면서 전쟁 후유증에 빠져 있던 프랑스 국민들에게 힘을 불러일으켜 주려는 의도였다. 당시 프랑스 총리이자 친구였던 조르주 클레망소의 권유로 시작한 일이다.

'인상주의의 대성당'이라고 평가되는 파리의 튈르리 정원 내 오랑주리 미술관은 온실을 개조해 특별히 만든 곳이다. 모네의 특별전시실에는 높이 2미터, 폭 8~16미터에 이르는 초대형 그림 8개가 둥그런 타원형 벽을 꽉 채운 채 전시돼 있다. 당초 설계 의도처럼 수련이 피어 있는 연못가를 실제로 거니는 듯한 느낌을 준다. 모네의 요청에 따라 자연채광을 택한 그곳에서는 하루 중 시간과 날씨에 따라 빛과 분위기가 달라지고 그에 따라 연못 위 수면과 꽃의 인상이 바뀌는 것을 실감할 수 있다.

모네의 대장식화 수련 연작을 전시하고 있는
튈레리 정원의 오랑주리 미술관

천창으로 햇빛을 받아들이면서 타원형 벽면으로 된 전시 공간은
모네의 요청에 따른 것이다. ⓒ 박정욱 2022년 5월

꽃으로 그린 그림이자 또 다른 예술 표현으로서 정원

흔히 모네의 정원은 '꽃으로 그린 그림'으로 평가된다. "내 그림을 이해하려면 그 어떤 설명보다 내 정원을 보면 된다."라고 말할 정도였다. 그는 주저 없이 "정원이야말로 자신의 최고 걸작품"이라고 말하곤 했다.

그에게 있어서 정원은 한번 완성하고 나면 계절에 따라 변화하고 날씨에 따라 달라지는, 살아있는 그림이었다. 말하자면 정원 가꾸기와 그림 그리기는 밀접한 관계를 갖는 상호연관적 예술 행위였다. 정원을 캔버스에 묘사하면 그림이 되고, 다시 땅에다 옮기면 정원이 되었다. 색의 배색 원리를 정원에 적용함으로써 색상의 조화를 달성했고 공간감을 부여했다.

그에게 있어 정원은 예술적 영감의 원천이었다. 캔버스에 붓으로 그리기 전에 색, 빛, 형태로 실험해 보는 땅 위의 캔버스였다. 그는 자신이 보고 이해하는 인상을 정원의 물, 식물, 빛과 시설물을 통해 표현하고 소통하고자 했다. 빛과 대기에 따른 사물의 색과 형체 변화에 대한 그의 연구는 1880년경부터 시작해 죽을 때까지 생애 절반 이상에 걸쳐 지속되었다. 같은 대상이 시간과 계절을 거치며 빛과 분위기에 따라 매 순간 달라지는 변화를 포착하기에는 정원만 한 곳이 없었다.

정원 내 여러 장소에 화판을 설치해 두고는 빛의 방향과 분위기를 쫓아다니며 같은 대상의 다양한 인상을 섬세하게 묘사해 냈다. 이로써 모네는 인상주의 선두주자의 지위를 확고히 했다.

예술적 가치와 의미를 표방하고 실천하는 현장으로서 정원

당시 정원은 하층계급의 노동 현장이면서 미학을 담은 대상으로 간주되었다. 그와 더불어 자립의식의 실천장소로서 정원은 당시 프랑스 기성 화가들의 가식에 대항하며 새로움을 갈망하던 신진화가들을 매료시켰다. 정원가들의 작업복은 이내 아방가르드의 유니폼이 되었다. 모네는 정원 작업복을 입은 채 손님을 맞이하기도 하고 그들에게 식물을 선물하기도 하면서 그런 유행을 기꺼이 즐겼다. 거름으로 시꺼먼 상태였던 팔을 늘 내놓고 다닐 정도로 모네는 정원일에 매진했다.

마네의 그림 중에는 정원에서 꽃을 가꾸는 모네와 그의 가족들을 담고 있는 것들도 있다. 까미유와 아들 장, 그리고 닭들이 한가롭게 풀밭 위에 쉬고 있는 사이로 모네가 물조리개를 옆에 두고 붉은 꽃을 매만지고 있는 모습이다. 근면함 속에서 평화롭고 안락한 가족애를 향유하는 정원 생활의 의미와 가치가 잘 드러나 있다.

자연을 공감하며 현실을 인식하는 매개로서 정원 가꾸기

모네에게 정원 가꾸기는 단순한 원예나 정원 활동만은 아니었다. 그는 정원을 가꾸면서 자연의 변화무쌍하고 섬세한 변화에 깊이 교감할 수 있었다. 그것은 그대로 그림 그리기로 이어지고 심화되었다. 모네는 "정원에서 자연과의 조화를 발견했기에 작품과 나를 동일시할 수 있게 되었다."고 하면서 정원일에 감사해 했다. 누구든 현실 속에서 조화를 이루게 되면 그것과 동떨어질 수 없게 된다는 점을 상기시켜 준 것이다.

정원일은 신체 노동이 필수다. 기상이나 계절 변화에 맞춰 가꾸고 보살피느라 끊임없이 몸을 움직이게 한다. 이런 일은 '그곳에서 살고 있음'을 실감하게 만들어 준다. 장소와의 유대감을 길러 주면서 삶을 인식하게 해주는 것이다. 모네에게 있어서 정원은 갤러리를 벗어나 자연과 깊이 교감하며 현실을 인식하게 해주는 곳이였다. 정원은 예술적 동기의 원천이면서 삶을 인식하고 긍정하는 에너지였던 셈이다.

가족간의 사랑과 추억을 담으면서 안정된 삶을 실현하는 안식처

모네에게 있어 정원은 사랑스러운 가족과의 내밀한 삶을 보장해주는 아늑한 안식처였다. 그가 이사 가는 곳마다 정원을 만들고 가꿨던 것은 정원이 가진 속성에 비춰 짐작해 볼 수 있다. 8명의 자녀를 포함해 대가족의 가장이면서 반복되는 가난과 역경으로 힘겨워했던 그에게 정원은 집과 함께 가족의 안위와 평화를 담보해 주는 보루 같은 곳이었다. 학교생활에 적응하지 못하고 아버지와 갈등을 겪던 어린 시절 모네는 정원에서 안식과 평화를 얻곤 했다.

정원은 예술적 대상이기 이전에 사적이고 내밀한 심리가 깊이 담겨있는, 특별한 경험과 기억의 현장이었다. 번잡한 도시에서 벗어나 전원 속 정원에서의 삶은 당시 시민들의 우아하고 세련된 삶과는 대비된다. 한가하면서도 평화로운 안식이기도 했다. 실제로 화단으로 둘러싸인 집에 살았던 아르장퇴유 시절, 그는 정원에서 어려움과 가난을 버텨내고 심신에 안정을 되찾았다고 토로한 적이 있다. 그가 화가로서 새로운 것을 찾아 끊임없이 도전을 이어갈 수 있었던 것도 정원 생활에서 얻은 안식 덕분이었을 것이다.

자연과의 조화로운 만남을 통한 긍정적인 성정 함양의 장

모네는 정원을 가꾸면서부터 엄격하고 무뚝뚝했던 성격이 온화하고 열정적으로 바뀌었다고 고백했다. 지베르니에서 정원을 돌보는 모습을 지켜본 어느 비평가는 차갑고 말 없던 이전의 모네와는 달리 "자애롭게 빛나 보인다"라며 놀란 적도 있다. 이런 점은 마치 원림 생활로 심신을 정화하려고 했던 조선 사대부의 면모와도 비견된다.

모네는 자주 자기 예술의 원천이 자연이라고 고백했다. "자연에 더욱 가까워지는 것", 그리고 "자연의 법칙에 순응하며 일하고 살아가는 것"만이 소원이라고 했다. 이 점 역시 조선 사대부들이 원림에서 자연과의 합일을 추구한 것과 일맥상통한다. 비록 그 지향하는 것이 완전히 일치하지는 않지만 정원에서 자연의 변화와 속성을 깨닫고 내밀한 섭리를 파악하며 어우러 지기를 바랬다는 면에서 유사하다. 몸과 마음 모두를 기르고 정화해 주는 정원의 효용이 동서양이라고 어찌 다를까?

색채화단 벤치에 앉아 그림을 그리고 있는 할머니 ⓒ 성종상 2007년 6월

베르농행 기차 창문으로 본 지베르니 인근 세느강변 풍경

지베르니는 산이 별로 없는 일드프랑스 지역(Ile de France) 중에서는 세느강과 함께 낮으막한 산들로 지형 경관이 단연 아름다운 곳이다. © 성종상 2007년 6월

지베르니 마을에는 지금도 수많은 화가들이 찾아와 자신만의 그림을 그리고 있다. 골목에서 그림을 그려놓고 판매하는 모습도 종종 만날 수 있다. © 성종상 2007년 6월

모네가 정착한 이후 세계 각지에서부터 예술가들이 모네를 좇아 지베르니로 들어왔고 지금까지도 남아있는 이들이 있다. 마을 곳곳에 위치한 갤러리와 이쁜 카페 등으로 지금도 많은 이들이 찾고 있다. © 성종상 2007년 6월

모네의 집 근처 지베르니 마을의 인상파미술관(Musée des Impressionnismes Giverny)

© 성종상 2007년 6월

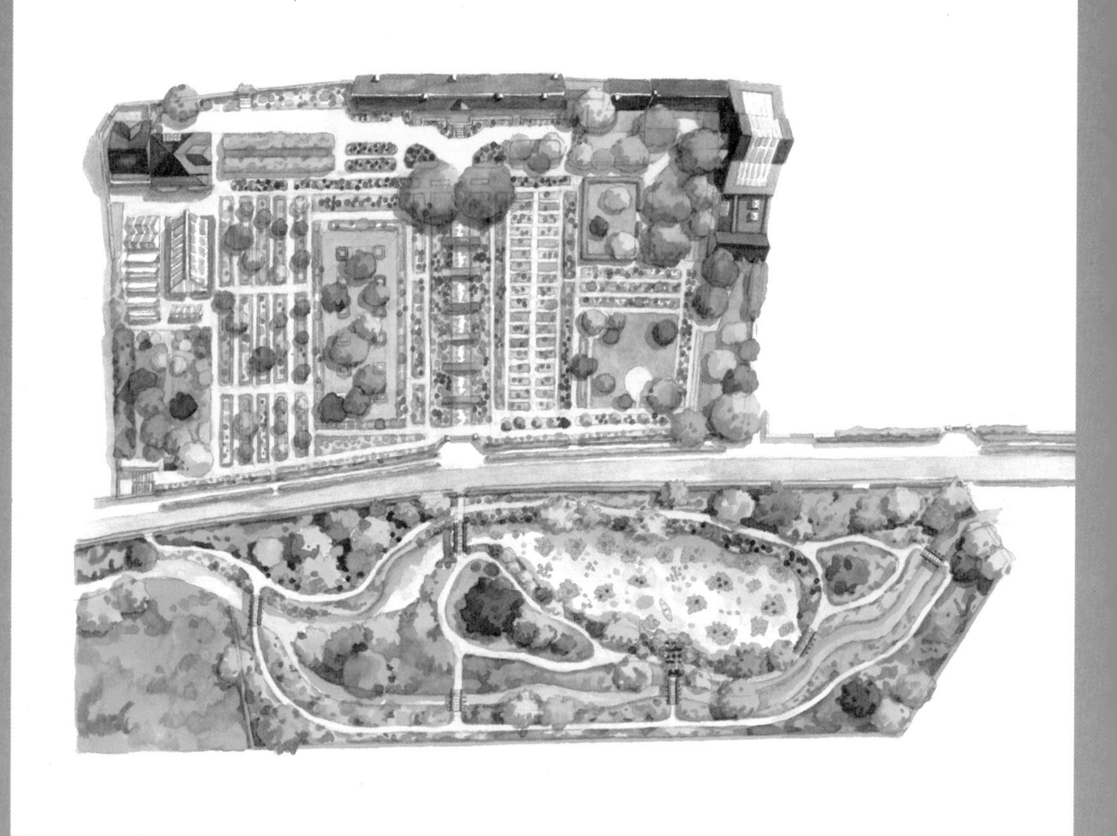

모네가 생애의 절반을 보낸 지베르니 정원은 건물 앞 정형식 꽃밭과 물의 정원으로 나누어 있다.
처음에는 단순히 정원이 좋아서 가꾸었으나, 자신이 찾던 하늘, 햇빛, 물, 나무, 꽃 등이
모두다 그 안에 있다는 사실을 깨달은 이후 모네는 줄곧 정원에 몰두하며 그림으로 그렸다.
© 작도 김준현

간단한 정보 팁

아르장퇴유의 모네기념관 Monet Museum in Argenteuil

주소 21 boulevard Karl-Marx, Argenteuil.

기타 모네유산프로젝트(The Monet Heritage Project)로 2003년에 매입해 2010년 복원, 2022년 모네 기념관으로 개관했다. 정원과 모네의 보트화실(floating art studio)도 당시 모습대로 복원 후 2022년 9월 중 공개했다.

모네와 다른 인상파 화가들이 자주 찾아 그림을 그리곤 했던 장소들을 연결하는 루트를 인상주의 트레일(impressionism trail)이라고 이름 짓고 정비하고 있다. 모네가 살 당시 마르크스(Karl Heinrich Marx / 독일의 정치 경제학자,1818~1883)가 이웃이어서 그의 이름이 도로명으로 남아있다.

지베르니 모네 집과 정원

주소 84 rue Claude Monet, 27620 Giverny

관리운영 끌로드 모네 재단(Fondation Claude Monet)

전화 +33 (0) 2 32 51 28 21 contact@fondation-monet.com

운영정보 매년 4월 1일부터 11월 1일까지 오전 9시 30분부터 오후 6시까지 개장.
마지막 입장 오후 5시 30분. 애완동물 입장 불가. 성수기에는 입구에 대기하는 시간이 길어질 수 있으니 미리 인터넷으로 입장권을 사서 가면 편하다.

기타 지베르니 마을에는 당시 인상파를 추종하던 미국 화가들 작품이 전시된 지베르니 인상파미술관(Musée des Impressionnismes Giverny)과 19세기말 모네가 이곳에 온 이후 들어오기 시작한 예술가들과 관련된 미술관이 더러 있다.
모네가 묻힌 지베르니 교회 묘지도 있으니 천천히 둘러볼 만하다. 시간 여유가 되면 베르농 기차역 앞에서 자전거를 빌려 세느강변에 조성돼 있는 자전거길을 달려보고 적당한 곳에서 가볍게 피크닉을 즐길 수도 있다.

10

소쇄옹 양산보

양산보(梁山甫)는 조선 전기의 문신으로 본관은 제주이며
1503년에 태어나 1557년에 사망했다.
그는 총명하고 단정한 성품으로 어렸을 때부터 일찍 글을 깨우쳤다.
열다섯이 되던 해에 정암 조광조 문하에서 글공부를 하며
현량과에 급제했으나 숫자를 줄여 뽑는 바람에 낙방했다.
이를 안타깝게 여긴 중종이 그를 친히 불러 위로의 말과 함께 지필묵을 하사했다.
그가 벼슬길의 꿈을 접고 평생 처사로서의 삶을 살았던 소쇄원(瀟灑園)은
조선시대의 정원 중 자연미와 구도 면에서 으뜸으로 손꼽힌다.

열일곱, 좌절된 벼슬의 꿈을 버리고 죽을 때까지 은둔자의 삶을 지켜낸_ **소쇄옹 양산보**

곧은 선비의 강인함을 오늘날까지 지켜낸 사대부 정원 소쇄원

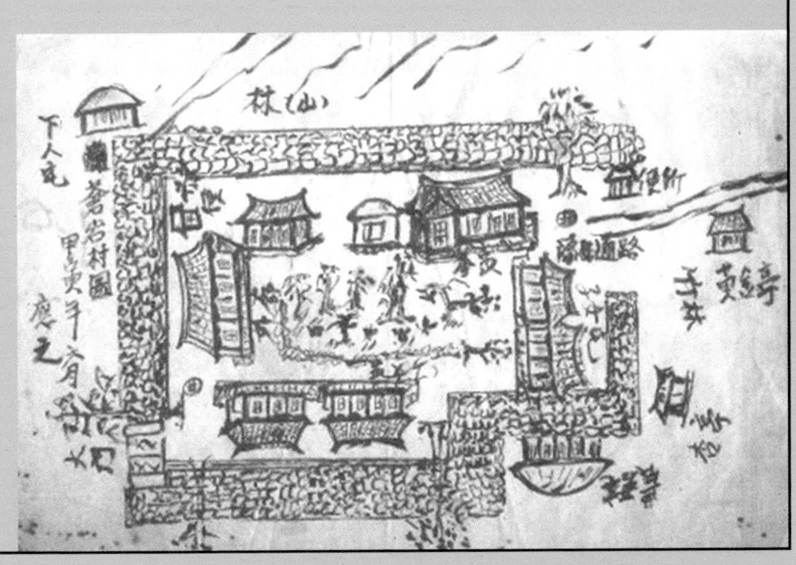

양산보의 본가 창암촌의 면모를 그린 창암촌도

양산보의 5대손 양웅지가 그린 것으로 추정되는 그림으로 집 가운데 꽃과 나무가 있는 정원이 있고, 분가한 자녀들의 거처와 죽림, 그리고 황금정, 행정 등의 정자의 존재와 위치도 확인할 수 있다. © 소쇄원

소쇄원 초정 주변 © 양재혁

인간 양산보 - 짧은 유학, 긴 산림처사로서의 삶

양산보(1503~1557, 호 소쇄공瀟灑公 또는 처사공處士公)는 조선 중기 사화의 소용돌이를 비켜 살았던 사람이다. 그는 17세 되던 해에 스승 조광조가 하루아침에 몰락하는 것을 가까이에서 목격했다. 그길로 벼슬길을 접고 고향으로 내려와 다시는 세상으로 나가지 않고 생을 마쳤다. 한참 세상을 향해 푸른 꿈을 키우던 청년 양산보에게 탁월한 학식과 도덕적 가치로 당시 조정을 쥐락펴락했던 스승이 졸지에 사약을 받아 죽임을 당한 사건은 그의 삶을 송두리째 바꿀 만큼 충격적인 사건이었다.

십 대 후반에 좌절된 벼슬의 꿈 대신에 택한 은둔자의 삶을 죽을 때까지 지켜낸 진정한 처사(벼슬을 하지 않고 초야에 묻혀 살던 선비)로 높이 평가 받았다. 비록 본의 아니게 포기한 벼슬이지만 중년 이후 몇 차례나 들어온 벼슬 제의에 일체 응하지 않았다. 그가 평생을 지키려 애쓴 가치는『소학小學』으로 대표되는 도의와 윤리적 규범이었다. 양산보와 비슷한 시대를 산 율곡 이이는 "참된 유자(儒者)는 벼슬길로 나가서는 당대의 도를 실천하여 백성들에게 자유로운 즐거움을 누리게 하고, 물러나 은거하면 만세에 가르침을 전하여 배우는 이로 하여금 큰 깨우침을 얻도록 해야 한다"고 강조한 바 있다.

양산보는 근처에 있던 옛 절터에다 죽림재(竹林齋)라는 서당을 지어 제자들을 가르쳤다. 가난한 이들의 혼인이나 장례를 돕는 구휼에도 힘써 인근에서 두루 칭송과 존경을 받았다. 조선 선비들의 신념으로 출처지의(出處之義/ 정계에서 벼슬을 하는 것과 낙향하여 은거하는 것 모두 옳음에 입각해야 한다)를 제대로 실천한 그의 삶은 당대는 물론 후대에 이르기까지 많은 이들의 본보기가 되었다.

정원가로서 소쇄옹, 양산보

양산보는 평생 단 하나의 정원을 만들었지만, 한국 최고의 정원가로서 손색이 없다. 대략 세 가지 이유에서다. 첫째는 정원 자체가 심미적으로 빼어나다. 소쇄원은 흔히 한국 정원의 특징을 가장 잘 보여주는 현장으로 불린다. 기존 계류와 지형에 맞춰 자연스럽게 배치한 공간의 영역 구성이나 요소들의 안배, 그것들이 이루는 시각적 연계와 동적 연결성이 자연스러우면서 극적인 효과를 연출한다.

둘째는 정원에 담긴 뜻과 이상이 각별하다. 정원을 만든 사람의 이상이나 신념이 표현되는 장소라고 보면 소쇄원은 그 대표적인 현장이다. 소쇄원 곳곳에는 양산보의 도가적 꿈과 유가적 바람이 담겨 있다. 광풍각과 제월당의 이름은 물론 대, 오동, 버들, 복숭아, 연 같은 식물, 그리고 애양단, 오곡문, 대봉대, 도오(복숭아나무 둔덕) 등은 그 대표적 산물이다.

셋째 소쇄원은 양산보 당대는 물론, 이후에도 수많은 문인들이 찾아 시를 짓고 문예를 즐겼던 곳이다. 문화예술 발전소이자 즐기는 곳으로서 정원의 가치를 한껏 발휘한 대표적인 현장인 것이다. 문예창작보다는 예학(예의 본질과 의미, 옳고 그름을 탐구하는 유학의 한 분야)과 수신(몸과 마음을 닦아 수양함)에 더 치중했던 양산보가 남긴 글은 그리 많지 않지만 그가 벗으로 지낸 송순(조선 전기 문신), 김인후(조선 초전기 문신), 김윤제(조선 전기 문신) 등은 수시로 소쇄원을 찾아 수많은 시문을 남겼다.

하도 자주 들러서 정원 내 연못의 물고기가 자신을 알아볼 정도였다고 한 김인후가 지은 『소쇄원 48영』은 유례를 찾아보기 어려울 정도로 탁월한 감각과 깊고 맑은 성찰이 잘 드러난 수작으로 꼽힌다. 양산보는 좋은 뜻을 담아 디자인적으로 잘 만들기도 했지만, 정원을 즐기는 면에서도 참맛을 제대로 즐긴 진정한 정원가였다.

조선 최고의 사대부 정원 소쇄원

흔히 소쇄원은 한국 최고의 선비 정원으로 간주한다. 당시는 물론 오늘날까지 온전히 전해지고 있는 정원이 별로 없다는 점에서 소쇄원이 지닌 의미는 각별하다. 그러나 소쇄원은 크지도 화려하지도 않으면서 요란하거나 잘난체 하지 않는 정원이다. 그렇다고 결코 초라하거나 옹색하지도 않다. 소쇄(瀟灑, 맑고 깊을 소/깨끗할 쇄)라는 이름에 걸맞게 정갈하고 소박하다. 담담하며 절제돼 있으면서도 감각이 한껏 살아 있다.

소쇄원에서 건물과 길은 기존 지형에 맞춰 적절히 안배돼 있다.
거리는 가깝지만 단과 담장, 꺾어진 동선이 제월당과 광풍각의 영역을 확실하게 구분해 준다.
계류의 발원지인 옹정봉과 고암동굴 같은 외원들도
정원의 주영역에서 볼 수 있는 구도로 설계돼 있다.
ⓒ 이동협 2015년 4월

입지맥락

담양지역은 예로부터 살기 좋기로 이름난 곳이다. 설산·괘일산(동), 병풍산·삼인산(서), 무등산(남), 추월산·강천산(북)으로 사방이 둘러싸인 가운데 영산강과 그 지류들이 만들어 낸 비옥한 농토가 너른 들을 이루고 있다. 아름다운 산수에 넉넉한 터전까지 겸비했으니 살기에 더없이 좋은 곳이다. 정자와 정원, 가사문학(고려 말 이후 조선 시대에 유행한 산문형식의 문학)을 비롯해 문화예술이 담양에서 꽃을 피운 것도 결국 경제적 풍요와 아름다운 산수가 만나 가능하게 된 것이다.

소쇄원이 위치한 창암촌은 양산보 부친 양사원이 일으킨 마을이다. 요즘 식으로 말하면 신개발지다. 조선 중기까지 지방 사림들은 관내 하천변에 보와 제방을 쌓아 경지를 확보하는 방식으로 경제적 기반을 확보하는 경우가 많았다. 양사원은 증암천(현 광주호)에 제방을 축조해 논으로 확보하거나 창암촌 주변 산지를 밭으로 개간해 부를 쌓았을 것으로 추정된다.

소쇄원은 창암촌에서 산으로 오르는 길목에 위치한다. 너럭바위 하나가 계류 전체를 차지하고 있어 작은 폭포와 소(沼)를 이루고 있는 곳으로 어릴 적 양산보가 미역을 감고 놀던 곳이다. 상류의 반석천, 장자담, 고암동굴 등은 자연스럽게 소쇄원의 외원을 이룬다.

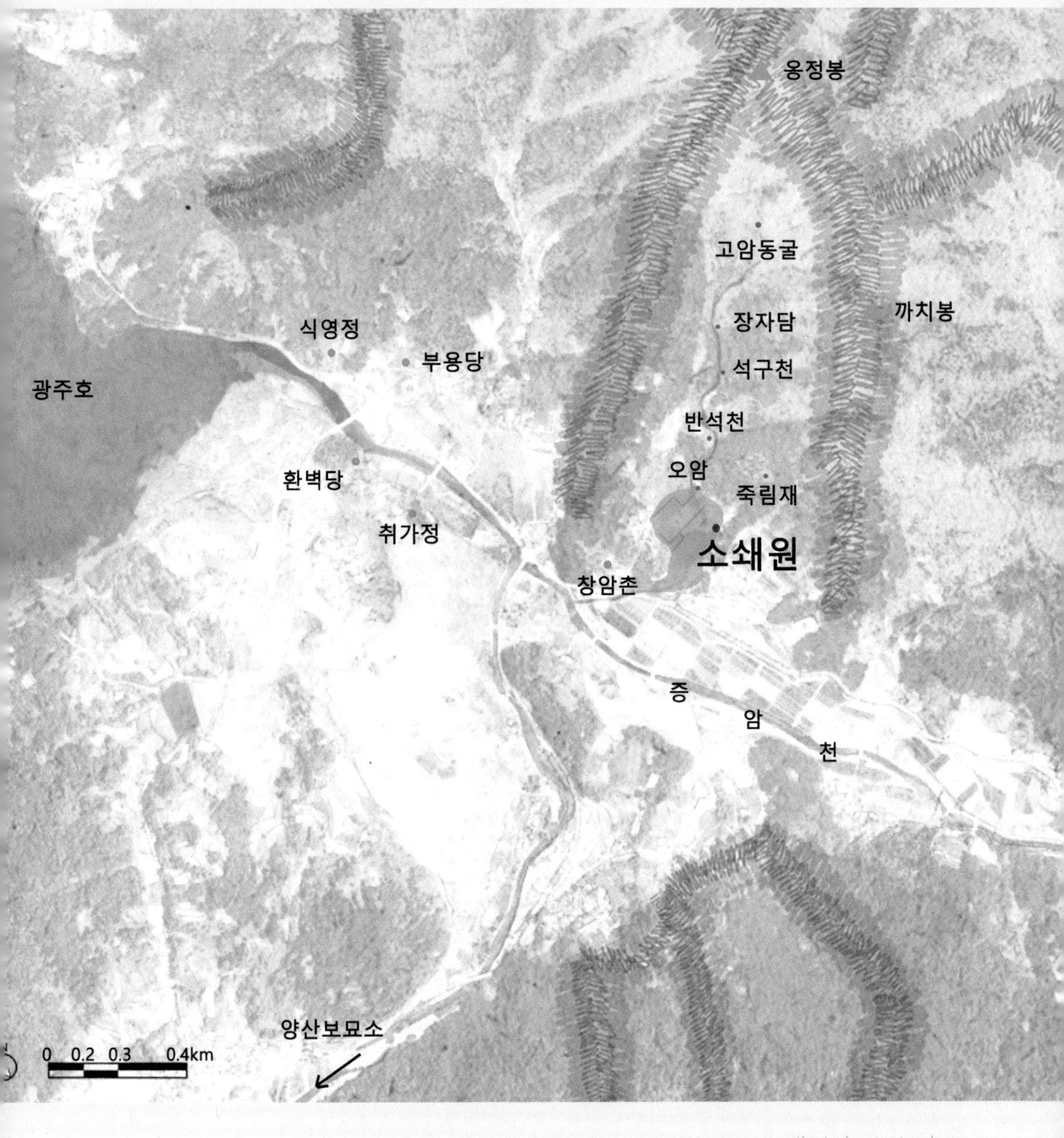

소쇄원과 주변 지도

© 작도 정함익, 최유나

조영과정

소쇄원은 양산보가 20대에 짓기 시작해 3대 70여 년에 걸쳐 완성된 정원이다. 축조 당시 부친 양사원이 지어 즐겼던 작은 정자가 있었다는 사실을 감안해 보면 조성하는 데에만 약 백 년 가까이 걸린 셈이다.

조영과정에는 양산보와 그 후손뿐만 아니라 전라 관찰사로 있던 외사촌형 송순 역시 소쇄원 증축에 필요한 재물을 지원하기도 했다. 일찍부터 소쇄원의 단골손님이었던 김인후도 어떤 형식으로든 조영 과정에 참여했을 것으로 추정된다. 양산보 사후 소쇄원은 정유재란으로 건물들이 불타는 등 큰 피해를 입었던 것을 손자 양천운이 중건해 현재에 이르고 있다.

흔히 소쇄원은 조선 사대부 원림 중에 당시 모습을 가장 잘 보존하고 있는 것으로 평가된다. 그것은 그가 생전에 "돌 하나 계곡 한 자락 내 손길 내 발자국 닿지 않은 곳이 없으니 하나라도 훼손되지 않도록 할 것"을 자손들에게 남긴 당부가 중요하게 작용했을 것이다. 그의 삶이 당대는 물론 후대에도 지조 있고 근신하는 처사의 모범으로 존중 받았다는 사실도 소쇄원이 잘 보존 되도록 하는데 힘이 되었을 것이다.

공간구성

소쇄원이 아름다운 것은 원래 그곳의 경치가 아름답기도 했지만, 그가 오랫동안 자주 찾았던 곳이라 땅의 특질을 속속들이 잘 알고 살려낼 수 있었기 때문이었다. 기존 지형에 맞춰 공간과 시설을 배치한 소쇄원의 공간은 입구 죽림에서부터 대봉대, 초정과 애양단을 거쳐 광풍각과 제월당에 이르기까지 대략 3개 영역으로 구분된다.

바위를 타고 흐르는 기존 계류를 크게 손대지 않고도 정원의 중요한 요소로 부각시켰다. 기존 물길을 그대로 살리기 위해 담조차 밑으로 구멍을 뚫어 물을 끌어들였다. 원래부터 있던 커다란 바위와 주변 지형 요소들도 물의 감각적 효과를 강조하면서 심미적인 감상을 위한 조건으로 재해석돼 적극 활용되었다.

그렇게 사실상 손길 하나 대지 않은 물길과 바위들은 정원의 핵심 요소로 탈바꿈되어 자칫 밋밋할 수 있는 소쇄원에 생동감과 생기를 부여하고 있다. 공간 배치나 형태 역시 정원의 중심 영역을 지나면서 길과 단, 건물이라는 형식을 과감하게 깨뜨리는 효과를 제공한다.

소쇄원 입구 죽림

창암촌에서 소쇄원을 들어갈 때 만나는 짙은 대숲은 마치,
세상으로부터 온갖 소음과 욕망을 걸러내 주는 듯하다. ⓒ 성종상 2002년 7월

기존 지형에 따른 단처리는 소쇄원의 백미 중 하나다.
계단과 옹벽, 담장이 기존 경사 지형을 자연스럽게 자르고 한정하면서 시선과 동선, 공간을
적절하게 정리해준다. ⓒ 성종상 2002년 7월

기존에 흐르던 계류와 바위를 정원의 핵심 요소로 끌어들인 소쇄원에서는
큰 힘을 들이지 않고 다양한 물의 감각적, 상징적 차원을 즐길 수 있다.
© http://www.soswaewon.co.kr

소쇄원 애양단 옆 담장의 글씨

애양, 곧 부모를 따뜻하게 봉양하는 효는 양산보가 가장 중시한 덕목이다.
© 성종상 2002년 7월

양산보의 삶과 꿈, 그리고 정원

그리 길지 않은 55년의 생애에서 양산보가 남긴 것으로는 글 몇 편을 빼고 나면 소쇄원이 유일하다시피 하다. 그의 삶에서 정원이 지닌 의미는 각별하다고 할만하다. 그만큼 소쇄원과 양산보의 삶은 서로 떼려야 떼어낼 수가 없는 관계로 간주된다. 그것은 소쇄원이 단순한 휴식이나 보는 즐거움을 넘는 정원이기도 했지만 단 한 번의 좌절로 평생의 길을 바꿀 정도의 결단력 있는 양산보의 신념의 산물이라는 배경과도 무관하지 않다.

소학의 학습 및 실천 현장으로서 정원

유자(儒者/ 유학을 공부하는 선비)라면 누구나 한 번쯤은 꾸었을 치국평천하(治國平天下/ 나라를 잘 다스리고 백성을 평화롭게 함)의 꿈을 일찍이 접을 수밖에 없었지만 그는 수신제가(修身齊家/ 몸과 마음, 집안을 수양하고 닦음)는 확실하게 이룬 것으로 평가된다. 장남으로서 그가 평생 지극정성으로 실천했던 부모님에 대한 효성과 형제간의 우애는 아들과 손자 대는 물론 후손들에게 깊은 영향을 주었다. 그가 남긴 거의 유일한 저작인『효부(孝賦)』,『애일가(愛日歌)』는 양씨 가문의 중요한 가훈으로 간주 되었다. '애일'이라는 것은 어버이를 오래 모시고 싶어 하는 자식이, "해가 빨리 지는 것을 어버이가 일찍 돌아가시는 것으로 여겨서 애석해한다"는 뜻을 담고 있다.

세상의 욕망에서 벗어나 있으면서 인간으로서의 도의와 선행, 효를 실천했던 양산보는 주위 사람들로부터 참된 선비이자 군자로 존경받았다. 소쇄원에 수많은 인물들의 발길이 끊이지 않았던 것이나 500여 년을 지나면서도 원래 모습을 잘 유지할 수 있게 된 것에도 그의 덕과 인품이 가진 흡인력이 중요하게 작용했을 것이다.

이념적 지향을 담아 몸소 실천하는 도량으로서 정원

한참 촉망받던 젊은 나이에 벼슬길을 접어 버린 채 평생을 초야에 묻혀 도의를 지키며 살았던 양산보. 그에게 소쇄원은 삶의 필요충분 요건이었던 것으로 보인다. 이름에는 지은 이의 뜻이 담기기 마련이다. 소쇄나 광풍, 제월 등의 각별한 이름을 부여한 장소들에는 그가 지향했던 마음가짐이 잘 담겨 있다. 비록 그가 직접 지은 것은 아니지만 '소쇄'라는 단어에는 '기운이 맑고 깨끗함'이라는 뜻과 함께 '유유자적하고 그윽하여 속됨을 떠난 지경'을 암시하는 의미가 담겨 있다. '광풍'과 '제월'은 쾌활하고 시원스런 인품을 은유적으로 묘사한 것이다. 이름에 담긴 뜻으로 보자면 '세속을 벗어나 욕심 없이 맑고 한가로운 삶'을 살되 '쾌활하고 시원스러운 마음'을 길러서 사람의 도리를 다하고자 한다는 것이다.

결국 그가 소쇄원에서 이루고자 한 것은 세상적인 욕망을 버리는 것이었다. 깨끗하고 아름다운 자연이 기반된 정원에서 맑고 깨끗한 기상을 기르는 것이었다. 그로써 사람으로서의 올바른 도와 예를 실천하려 한 것이었다. 얼핏 도교적 이상과 유교적 이념이 절충된 것으로 해석될 여지도 있는 양산보의 그같은 처신에서 우리는, 아쉽게 좌절된 벼슬길보다 중요한 가치와 의미를 처사로서의 삶에서 찾고자 했던 그의 결단력과 의지를 엿볼 수가 있다

자신을 지키는 방편으로써 정원

예나 지금이나 사람이 시대적 상황 속에서 자신을 지키고 살아가기란 쉽지 않다. 양산보는 사화로 점철된 시대를 살면서 평생을 세상의 욕망으로부터 자신을 지키며 도의와 예를 기르며 살았다. 한적한 시골 마을 뒤 산기슭 계곡부에 있는 소쇄원은 입지 위치부터 세상과의 거리 두기가 용이한 곳이다. 공간 구조로 봐도 마을 쪽으로는 짙은 죽림이 가로막고 있는 데다가, 뒷산 쪽으로는 오곡문 너머로 자라바위(오암 鼇巖), 반석천, 돌절구샘(석구천 石臼泉), 장자연못(장자담 莊子潭), 통사곡, 고암동굴, 옹정봉이 한껏 열려 있다. 세상보다는 자연과 가까이하면서 자신을 지키려는 실천 의지가 담겨 있다고 볼 수 있다. 담장 바로 밖에 후간장(帿竿場)을 만들어 활쏘기를 즐긴 것도 수기(修己), 곧 몸과 마음을 닦기 위한 노력으로 이해할 수 있다.

아무리 마음이 깨끗하고 맑아도 건강한 몸을 바탕으로 한 기상이 뒷받침되지 않으면 쉽게 물들거나 무너지기 쉽다. 그의 인물평이 "늘 부드러운 얼굴에다 어떤 경우에도 노여움을 띄거나 욕하는 일이 없었고, 세상 물욕에 초연한 채 언행이 올바르고 예의를 중시했다"거나 "소쇄옹은 겉은 부드러우나 속은 엄격하여 그를 바라보노라면 자신도 모르게 무릎을 꿇게 된다."고 평가되는 것도 그가 평소 마음과 몸을 철저히 닦고 다스렸다는 사실을 드러낸다.

선명한 도의를 주장했던 정철도 "그와 마주하고 있으면 가슴 속이 상쾌해져 자신을 잊을 정도"라고 하며 지극한 존경심을 표했다.

소쇄원의 설경

차가운 눈보라 속에서도 '소쇄처사양공지려(소쇄처사 양산보의 조촐한 집)'라는 문구에서 인륜에 대한 흐트러짐 없는 자세는 물론 온기까지 전해지는 듯하다.

ⓒ 양재혁 제공

사림 문화예술의 생산 및 나눔의 장

소쇄원은 양씨 가문의 소유였지만 전유물은 아니었다. 그곳은 격조 있는 문화예술을 창작하고 소비하는 무대이자 현장이었다. 양산보는 소쇄원에서 당대 호남 최고의 학자들과 폭넓게 교류했다. 특히 인척 관계였던 송순(외사촌), 김윤제(처남), 김인후(사돈)는 소쇄원을 만드는 데에도 깊이 간여한 이들이다. 그 외에도 기대승, 고경명, 유희춘, 정철, 임억령, 김성원, 백광훈, 임제, 백진남, 정홍명 등 당시 이름난 학자들이 소쇄원을 찾아 시를 짓고 생각을 나눴다. 아무래도 그것은 소쇄원이 단순히 아름다운 정원일 뿐 아니라 당시 사림(성리학을 숭상했던 조선의 지배층)들이 공감할 수 있는 유가적 가치를 기르고 실천되는 현장으로 간주되었기 때문이었다.

소쇄원을 찾은 인물이 70여명에 이르고 소쇄원 위쪽 반석천 옆 독송와(獨松窩)라는 곳에서도 시회를 열었다는 기록이 있다. 이처럼 소쇄원은 사림들의 이념과 문예를 소통하는 사랑방으로 간주되었던 곳이다.

소쇄원의 여름 © 양재혁 제공

소쇄원에서의 탈춤공연. © 양재혁 제공

광풍각에서의 시회 재연. © 양재혁 제공

소쇄원과 창암촌 관계 추정도

양산보가 만든 정원 소쇄원은 부친 창암공이 개척한 창암촌 바로 위쪽에 위치한다. 자신이 어릴 적에 멱을 감던 작은 계류변과 바위를 활용해 정원으로 만든 것이다.

© 작도 정함익, 최유나

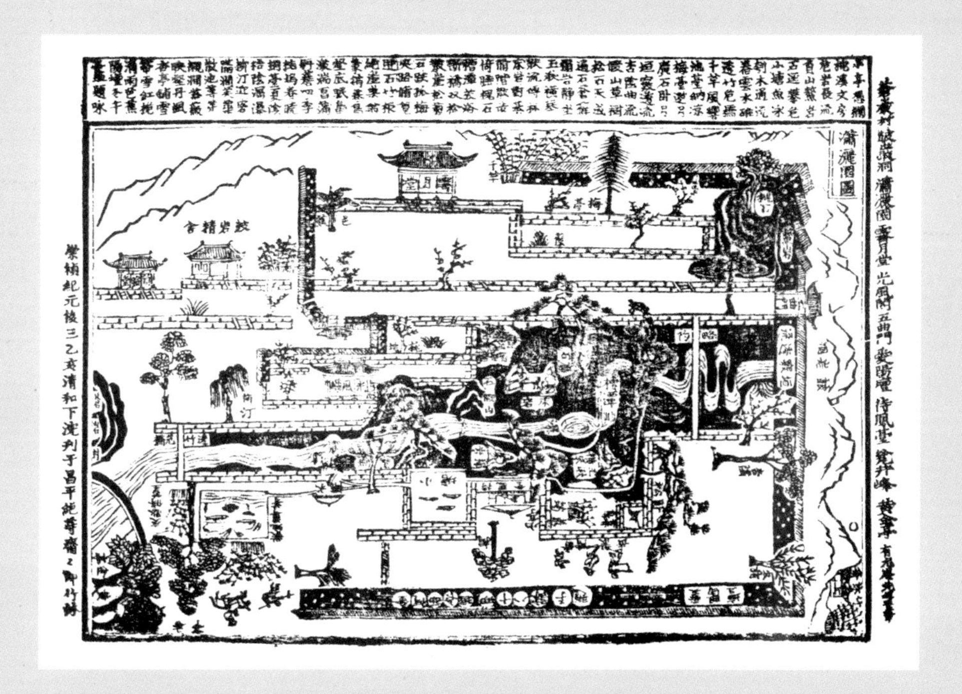

소쇄원도

양산보 사후 약 200년이 지난 1755년에 제작된 목판화로
소쇄원의 당시 모습을 알려주는 귀한 자료다.
주요 경물들이 마치 정원 속을 거닐며 보는 듯이 그려져 있는 가운데,
그림 상단에 김인후의 〈소쇄원48영〉 제목이 적혀 있다.
'정원-그림-시'가 한데 어우러져 있어
정원에서의 체험이 시와 그림으로 이어지는 예술적 만남을 확인할 수 있다.
ⓒ 문화재청

대를 이은 나눔과 전승

소쇄원의 위상과 명망을 높인 대표적 인물은 그의 5대손 양진태(1649-1714)다. 특히 그는 당대 최고의 명사들과 교유하면서 그들을 초대해 대연회를 개최하며 소쇄원을 전국적인 명원으로 부각시켰다. 소쇄원을 방문한 이들의 이름과 글을 모은 제명록(題名錄)을 편찬했고, 소쇄원과 관련된 선대의 문적을 모아 총 557수에 달하는『소쇄원사실(瀟灑園事實)』을 편찬하기도 했다. 또 그는 소쇄원의 정경을 그림으로 그려『소쇄원도(瀟灑園圖)』를 완성했다. 아쉽게도 이 그림은 현재 남아 있지 않다. 당대 최고의 안목을 지녔던 김창협이 북송대 사대부 화가인 이공린의 화필과 흡사하다며 극찬했던 것을 감안하면 상당한 수작이었을 것으로 판단된다. 우리가 잘 아는 목판화 〈소쇄원도〉는 그보다 약 팔십 년 후에 만들어진 것으로 두 작품이 얼마큼 관련이 있는지는 알기 어렵다. 〈소쇄원도〉 가장자리에 김인후의 48영 제목을 새겨 넣은 것도 매우 흥미롭다. 김인후(조선 중기 문신)와 그의 시를 소쇄원 못지않게 중요하게 여긴 것으로 볼 수 있지만, 무엇보다 '정원-그림-시'가 하나로 통합된 작품으로서의 의미가 크다.

정원에서의 체험이 시와 그림으로 창작되고 이로써 정원은 한층 격조 높은 예술적 공간으로 승화된 셈이다. 결국 소쇄원은 당대를 넘어 여러 대에 걸쳐 지속적으로 명사들의 문예 교류와 사교의 장이었다. 명원(名園)으로서의 위상을 높임과 동시에 제주 양씨를 지역 명문가로 만들어 준 일등 공신이라고 볼 수 있다.

양산보가 소쇄원에서 애써 실천하고 후손에게 전한 가치가 지금 우리에게 더욱 가슴에 와 닿는 이유는 아무래도 시대적 배경 때문일 것이다. 세상의 명예와 욕망에 빠져 자신은 물론 가정과 사회까지 병들게 하는 어지러운 시대에 양산보와 소쇄원이 주는 울림이 자못 크지 않은가 말이다.

양산보가 지은 별서정원으로,
자연미와 구도 면에서 조선시대 정원 중에서도 첫손으로 꼽힌다.
© 양재혁

11

고산 윤선도

고산 윤선도는 조선 시대 중후기의 시인, 문신, 작가, 정치인이자 음악가다.
그는 조선 선조 20년(1587년)에 태어나 광해군, 인조, 효종을 거치고
현종 12년(1671)에 사망했다.
18세에 진사초시(進士初試)에 합격하고,
20세에 승보시(陞補試:성균관 유생에게 시행하던 시험)에 1등을 했으며
향시(鄕試)와 진사시(進士試)에 연이어 합격했다.
고산은 정치적으로 열세에 있던 남인의 가문에 태어나 집권 세력인 서인에
강력하게 맞서 왕권 강화를 주장하다가, 20여 년의 유배 생활과 19년의 은거 생활을 했다.
그러나 조상으로부터 물려받은 유산으로 비교적 넉넉하게 살 수 있었고
탁월한 문학적 역량은 유배 생활 속에서 더욱 빛을 발했다.
조선시대의 시인으로서 시조 문학을 장식한 일인자이며 훌륭한 시적 재능을 발휘해
주옥같은 시작품을 다수 이루어 조선조 시가 문학을 크게 발전시켰다.
그의 대표작으로는 〈어부사시사〉와 〈오우가〉등이 있다.

분분한 인간 세상을 벗어나 자연 속에서 '늙은 가짜 어부'를 자처한_ 고산 윤선도

이루지 못한 출사의 꿈을 산수 간 원림에서 예술로 승화시키다

이종상화백 작, 고산 윤선도 영정. © 녹우당

고산이 사용한 것으로 전하는 패철(집터나 무덤 자리를 정할 때 사용하던 나침판)

정조가 '무학대사 이후 최고의 감여가'(풍수가)라고 평가했을 만큼 고산은 풍수에도 밝았다. 그의 탁월한 땅 읽기는 금쇄동(윤선도가 전라남도 해남에 지은 별서정원)과 부용동(윤선도가 완도군 보길도에 지은 별서정원)에서 대표적으로 확인할 수 있다. © 녹우당, 윤창하

한국 최고의 정원가 고산 윤선도

고산 윤선도는 우리 역사상 최고의 시조 시인으로 알려져 있다. 하지만 그가 한국 최고의 정원가라는 사실을 알고 있는 이는 많지 않다. 그를 최고의 정원가라고 하는 첫째 이유로는 우리 역사상 그만큼 많은 정원을 만든 이를 찾아보기 어렵다는 점이다. 전 생애 걸쳐 머무는 곳마다 고산은 정원을 짓고 즐겼다. 현재 흔적이 남아 있는 곳은 해남의 3승(勝, 세군데 빼어난 곳)이라고 불리는 수정동, 문소동, 금쇄동과 해남윤씨 종가 녹우당, 백련지, 보길도 부용동, 강진 덕정동의 추원당 그리고 남양주 수석동의 해민료와 명월정 등 여러 곳이다. 그 외에 유배지였던 함경도 경원과 삼수, 경북 기장과 영덕에도 고산이 즐긴 경승지나 정원 관련 지명이 기록에 나온다.

두번째는 그가 만든 정원이 한결같이 한국의 대표적인 정원으로 내세울 만한 걸작들이라는 점이다. 그의 정원들은 대체로 바위와 물이 절묘하게 어우러진 자연 경승지에 있다. 고산은 이들 자연 요소와 경치를 탁월한 안목으로 읽어내어 예술적 감각이 충만한 정원으로 만들어 냈다. 동시에 그의 정원에는 과학적, 생태적 지식과 기술도 다양하게 구현돼 있다.

세번째는 그는 정원을 만들었을 뿐 아니라 그것을 이용하고 즐기는 데에도 탁월한 감각과 수준을 과시했다는 점이다. 아름다운 산수 간에 만든 정원에서 그는 시, 음악, 무용 등 다양한 예술 활동을 즐겼다. 정원을 휴식과 감상의 장으로만 한정하지 않고 문화예술을 생산하고 체험하는 현장으로 활용했다.

고산이 만든 대표 정원들

고산이 집을 떠나 본격적으로 정원 생활에 들어간 것은 나이 쉰이 넘은 인생의 중후반 때였다. 고산은 51세 때 보길도에서 처음으로 정원 생활을 시작했는데 그 출발은 순전히 자기 뜻만은 아니었다. 병자호란으로 조선이 청나라에 굴욕적으로 항복하게 되자 "부끄러워 하늘을 볼 수 없어 탐라(제주)에라도 들어가 은거하겠다"고 결심했다. 가던 길에 풍랑을 만나 잠시 머물렀다가 아예 정착하기로 마음먹고 정원으로 만든 곳이 완도의 보길도다.

산세가 매우 빼어난 데다 골은 깊고 너른 들이 펼쳐져 있는 보길도는 살기에 그만이었다. 바다 한가운데 있는 섬이지만 사방이 산으로 둘러싸여 있어 어지간한 강한 바람이 불어도 그 안은 아늑해서 산 너머에 바다가 있다는 사실을 잊게 했다. 고산은 보길도 사방을 에워싼 산의 모습이 마치, 물 위에 떠 있는 연꽃 같다고 해서 부용동(芙蓉洞)으로 이름 지었다. 그가 죽기 직전까지 오랜 기간에 걸쳐 완성된 부용동 정원은 고산이 죽은 뒤 77년 후에 그의 후손 윤위가 쓴 『보길도지』에 자세하게 잘 묘사돼 있다.

부용동은 주거처 낙서재와 맞은편 안산 중턱의 동천석실(신선이 지낼만한, 바위틈의 작은 정자) 외수구(外水口)에 해당하는 지점에 만든 세연정, 그리고 낙서재 바로 앞 계류변에 만든 곡수당, 4개 구역으로 나뉜다. 탁월한 풍수가적 안목으로 섬 중앙 계곡 부용동을 중심영역으로 삼고 혈처(낙서재), 안산(동천석실), 외수구(세연정) 같은 풍수지리적으로 중요한 곳에 각기 다른 성격의 정원을 조성하고는 그곳들을 오가며 즐겼다. 섬 곳곳마다 최소한의 힘을 들여 정원을 만들며 섬 전체를 자신의 왕국처럼 즐겼다. 보길도에서 보낸 첫 번째 정원 생활은 불과 1년도 안 돼 2차 유배를 당하면서 낙서재를 포함해 극히 일부만 겨우 완성한 상태에서 중단되고 말았다. 하지만 이후에 생애 많은 시간을 보길도에서 살았고 그곳에서 생을 마쳤다.

낙서재(복원 전)

고산이 격자봉에서 조성한 주거처로 얼마 전까지 터만 방치돼 있던 자리 © 성종상 2008년 8월

낙서재(복원 후)

2011년 복원했지만, 뒷산에서 물을 날라 낙수를 이루고 아름다웠다는 연못이나 괴석 등
정원의 면모는 아예 무시한 채 건물 몇 채만 덩그러니 지었다.
한국 최고의 정원가가 살던 곳이지만 그의 정원은 흔적조차 짐작할 수가 없게 한 것이니
복원이라기보다는 정원 유구를 훼손한 것이나 다름없다.
© 성종상 2012년 8월

완도 보길도의 세연지 부분

고산은 기존 계류변에 계담과 방지 두 연못을 중심으로
동대와 서대, 판석보 등 한국 정원사상 전무후무한 시설들을 더해서
탁월한 자연형 물 중심 정원으로 탄생시켰다.
무용과 뱃놀이, 거문고와 노래가 펼쳐진 종합예술무대로서
〈어부사시사〉 등의 빼어난 시문이 창작된 현장이기도 하다.
ⓒ 성종상 2008년 8월

동천석실 앞의 도르래 바위

고산이 이 바위에 밧줄을 걸어

산 아래에서 간단한 물건 등을 나르는 도르래를 사용했다고 전해진다.

도르래는 심부름꾼의 출입을 대신 했다.

그것은 그곳을 동천(洞天), 곧 신선의 세계로서의 초월적 영역과

분위기를 깨뜨리지 않으려고 했던 고산의 의도로 해석해 볼 수도 있다.

ⓒ 성종상 2005년 8월

덕자봉 능선에서 본 다도해 풍경

유리 같은 만경창파(드넓게 펼쳐진 푸른 바다)"나
"앞 뫼(산)가 지나가고 뒷 뫼(산)가 나아온다"라고 한
〈어부사시사〉에서의 묘사가 쉽게 와 닿는다.
© 성종상 2016년 10월

고산이 바라봤을, 보길도 선창리 쪽에서 본 낙조

격자봉 능선에서 보족산 쪽으로 본 풍경

멀리 정면으로 수평선에 추자도가 흐릿하게 보이고(점선부분), 시선을 돌려 남측으로 보면 제주도까지 보인다.

© 성종상 2016년 10월

그가 두 번째로 본격적인 정원 생활에 들어간 것은 53세 때 가사(가족생활을 유지하는 여러 활동)와 제사를 장남에게 맡기고 해남의 산간 수정동(水晶洞)으로 들어가면서부터다. 그즈음 닥친 비극적 개인사가 직접적인 계기로 작용한 것으로 보인다. 어릴 적부터 총명해 큰 기대를 걸었던 둘째 아들 의미가 갑자기 죽은 데다 며느리까지 뒤따라 죽는 큰 아픔을 겪었다. 마흔이 다 돼 시작한 첫 번째 벼슬길 이후 사실상 마지막 자리였던 성산 현감에서 불명예스럽게 물러나 실의에 빠져 있을 때였다.[1] 그러나 그 아픔은 뒤이어 덮친 병자호란으로 인해 차라리 덜 고통스럽게 넘길 수 있었다. 하지만 억울하게 당한 두 번째 유배[2]에서 풀려나 돌아오는 길에 접한 어린 막내아들의 사망 소식은 그를 큰 슬픔에 빠지게 했던 것으로 보인다.

1 평생 벼슬보다는 유배를 더 길게 당했던 고산이 벼슬길에 들어선 것은 첫 유배에서 풀려난 37세 때 부터였다. 당시 조정을 주도하던 이들의 견제로 제대로 임기를 채우지도 못한 채 여러 차례 자의 반 타의 반 물러나곤 했다. 그러다가 약 10년 만에 성산 현감으로 좌천되다시피 한 후 그나마 2년도 못 돼 그만두게 된다.
성산 현감으로 부임한 직후 그는 당시 백성들의 원성이 높았던 양전(量田, 백성들의 토지를 측량해 세금을 매기는 일)의 폐단을 시정하고자 했다. 양전은 토지를 공평하게 측정해서 백성을 이롭게 과세하는 것이 타당하니 그에 맞춰 경감시켜 달라고 요청하는 내용의 〈을해소 乙亥疏〉를 조정에 올렸지만 중간에서 차단되어 전달되지도 못했다. 도리어 무고를 당하는 등 고역을 겪다가 병을 핑계로 스스로 물러나 버린 터였다.

2 고산은 평생 3번 유배당했다. 첫 번째와 세 번째는 자신의 신념에 따라 스스로 택한 불가피한 길이었지만 두 번째 유배는 다소 억울하게 당한 사례였다. 병자호란 당시에 고산이 왕을 구하려 장정 1백여 명을 모아 선단을 구성해 강화도까지 갔으면서도 왕을 뵙지 않고 되돌아갔다는 죄 아닌 죄로 유배를 간 것이다. 당시 오랑캐라고 했던 청나라와의 전쟁에서 어처구니없게 당한 패배의 책임을 유림에 지나지 않던 일개인에게 떠넘긴 처사로 해석해 볼 여지가 있다. 다행히 유배 당한지 1년도 안돼 석방되었는데 어린 아들 사망 소식을 들은 것은 귀양이 해제되어 돌아오던 길에서였다.

46세에 뒤늦게 낳은 그 아들은 서자였지만 여러 면에서 자신과 많이 닮은 데다 총명해서 각별한 애정이 있었다. 특히 그 아이가 죽기 직전 2년간 보길도에서 함께 지낸 추억들이 생생하게 남아 있어서 슬픔이 더했을 것이다. 그 슬픔은 그의 시『도미아悼尾兒』와『견회遣懷』에 진하게 드러나 있다.

수정동은 종가 녹우당에서 직선거리로 불과 5km 남짓한 산속에 있다. 해남 명산 중 하나인 병풍산의 작은 계곡에 있는 거대한 노두암과 계류가 빚어낸 비경을 찾아내 아름다운 정원으로 탈바꿈시킨 것이다. 노두암과 계류를 정원의 주요 요소로 삼고는 계곡 위아래에 연못을 파고 그 중간 지점에 단을 쌓아 작은 정자 인소정을 지었다.

작은 계곡부를 느닷없이 가로막고 서 있는 거대한 수정암은 높이 약 6미터에다 길이 100여 미터에 달한다. 지표수가 고갈된 지금도 비가 온 직후에는 암반 위로 넘쳐흐르는 폭포가 압도적인 장관을 이룬다. 고산은 달 밝은 밤이면 그 아래 너른 바위 요석암에 앉아 눈앞에 쏟아지는 우레 같은 폭포 소리를 들으며 수정암 위로 뜨는 달을 감상하곤 했다. 밝고 맑은 달빛에 수정같이 빛나는 폭포 물줄기를 주렴(株簾, 구슬 등을 꿰어 만든 발)이라 간주하여 수정렴이라고 불렀다. 때로는 상상의 나래를 펼쳐 주렴을 제치면서 신선의 경지를 넘나들었을 만하다. 실제로 그가 수정동에서 쓴 시에는 탈속적 경지를 자족하는 마음이 잘 드러나 있다.

지금도 수정동에는 인소정터와 석축, 상하지의 모습이 뚜렷하게 남아있어서 어렵지 않게 정원의 모습을 추정해 볼 수 있다. 다만 수정동으로 들어가는 입구에 석광산이 들어서는 바람에 산을 통째로 깎아 내버려서 고산이 발견한 '산모롱이를 굽이돌아 유현하게 찾아가는 정취'는 완전히 훼손된 상태다.

세상에! 어쩌다가 우리는 이런 귀하디 귀한 문화유산을 골재를 생산하느라 마구 파괴하는 지경이 돼 버렸을까? 전국을 통틀어 몇 남지 않은 전통 정원이며 한국 문학사의 빼어난 시문이 창작된 현장조차 이런 식으로 무자비하게 훼손하는 우리들의 무감각과 현실이 안타까움을 넘어 통탄스러울 지경이다.

고산이 앉아 즐겨 듣던 폭포수

수정동의 주폭포 수정렴. 높이 6미터나 되는 암반 위에서 떨어지는 물소리가
마치 우레와 같다고 칭송한 폭포다.
지금은 물이 줄어 큰 비가 온 후에라야 폭포를 볼 수 있다. © 성종상 2004년 8월

금쇄동 휘수정 앞 폭포

ⓒ 성종상 2005년 8월

고산이 지은 수정동 인소정 터 석축과 수정암

지금은 잡목이 무성해 길이 100여 미터, 높이 6미터 이상인

거대한 수정암도 잘 드러나지 않는다.

석축은 산속에 오랫동안 방치되어 붕괴 직전이다.

ⓒ 성종상 2004년 8월

수정동의 이른 봄 인소정 터에서 바라본 수정암

산목련이 봄을 알리고는 있지만 수정렴 폭포 물은 마르고 인소정 터에는 잡목이 무성한 상태다.

ⓒ 성종상 2004년 3월

수정암 위에서 계곡 아래로 본, 이른 봄 정경

고산도 이 곳에서 계곡을 바라봤을 것이다. ⓒ 성종상 2005년 3월

비 온 후 병풍바위에 날리는 폭포를 보며 그저 웃노라

『우후희부 취병비폭 雨後戲賦 翠屛飛瀑』

아름다운 비단에 싸인 병풍바위 요석암 위에 높다란데

雲錦屛高瑤席上
운 금 병 고 옥 석 상

수정 주렴처럼 맑은 물줄기 옥루(玉樓)까지 치네.

水晶簾迤玉樓傍
수 정 렴 이 옥 루 방

어쩌다 이런 호사스러운 극치를 즐기게 되었는고

如何有此豪奢極
여 하 유 차 호 사 극

은거하는 나 혼자 웃다가 문득 술잔을 드네.

自笑幽人忽濫觴
자 소 유 인 홀 남 상

고산은 이후 일 년여 사이에 수정동 근처에서 문소동과 금쇄동 자리를 잇달아 찾아냈다. 그곳을 정원으로 만들고는 세 곳을 오가며 즐겼다. 정원의 영역을 확장하면서 정원 생활의 묘미를 더 키워 나간 셈이다.

뜻밖에도 금쇄동은 산꼭대기에 위치하고 있는다. 꿈에 보배가 담긴 궤짝을 본 이후에 우연히 발견하고는 정원으로 만든 곳이다. 하늘이 아끼고 감춰 온 비경을 자신에게 준 것을 감사해하며 흡족한 마음에 금쇄(金鎖/ 쇠로 된 자물쇠)라고 이름 지었다. 그는 이곳을 신선이 노니는 선계라며 즐겼다.

흥미로운 점은 그곳은 본래 고려 때부터 있던 산성인데 고산이 당시 더 이상 사용하지 않던 터를 찾아내 자신의 정원으로 만들었다는 점이다. 산성 안은 가운데가 움푹 파인 모양의 지형인데 그곳의 옛 건물지를 찾아내어 불훤료와 회심당 두 개의 건물과 상하지 연못을 만들어 정원의 핵심 영역으로 만들었다. 그러면서 산 아래 당시 주막이 있던 곳에서부터 산꼭대기로 오르는 산길을 따라 주요 경물들에 불차, 상휴, 기구대 같은 독특한 이름을 붙여 정원을 산 아래 계곡까지 확장했다.

계곡에서부터 정상으로 오르는 길은 인간 세상에서 선계로 오르는 상징적인 구도로 설정돼 있다. 산길을 오르며 인간 세상으로부터 점점 멀어지면서 신선의 영역에 가까워지는 느낌이다. 몇 개 관문을 지난 후에 다다르는 산성 내부를 신선의 세계로 간주하고 있는 것이다. 금쇄동은 30여 년 전까지 수박 농사를 짓는 등 변형이 많이 일어 났지만 산꼭대기에 있는 덕분에 큰 변화 없이 정원유적이 대체로 잘 남아 있다.

고산의 정원으로 자취를 엿볼 수 있는 또 다른 곳은 남양주 수석동 왕숙천 인근의 고산촌에 있었던 해민료와 명월정이다. 원래 그곳에는 아버지로부터 물려받은 전답과 집이 있었는데 고산은 72세 때 직접 작은 초가 해민료와 한강가 언덕 위 명월정을 짓고 풍광을 즐겼다. 하지만 고산이 그곳을 이용한 것은 제자였던 효종이 불러 조정을 오르내릴 때와 효종이 승하한 직후의 짧은 기간이었다.

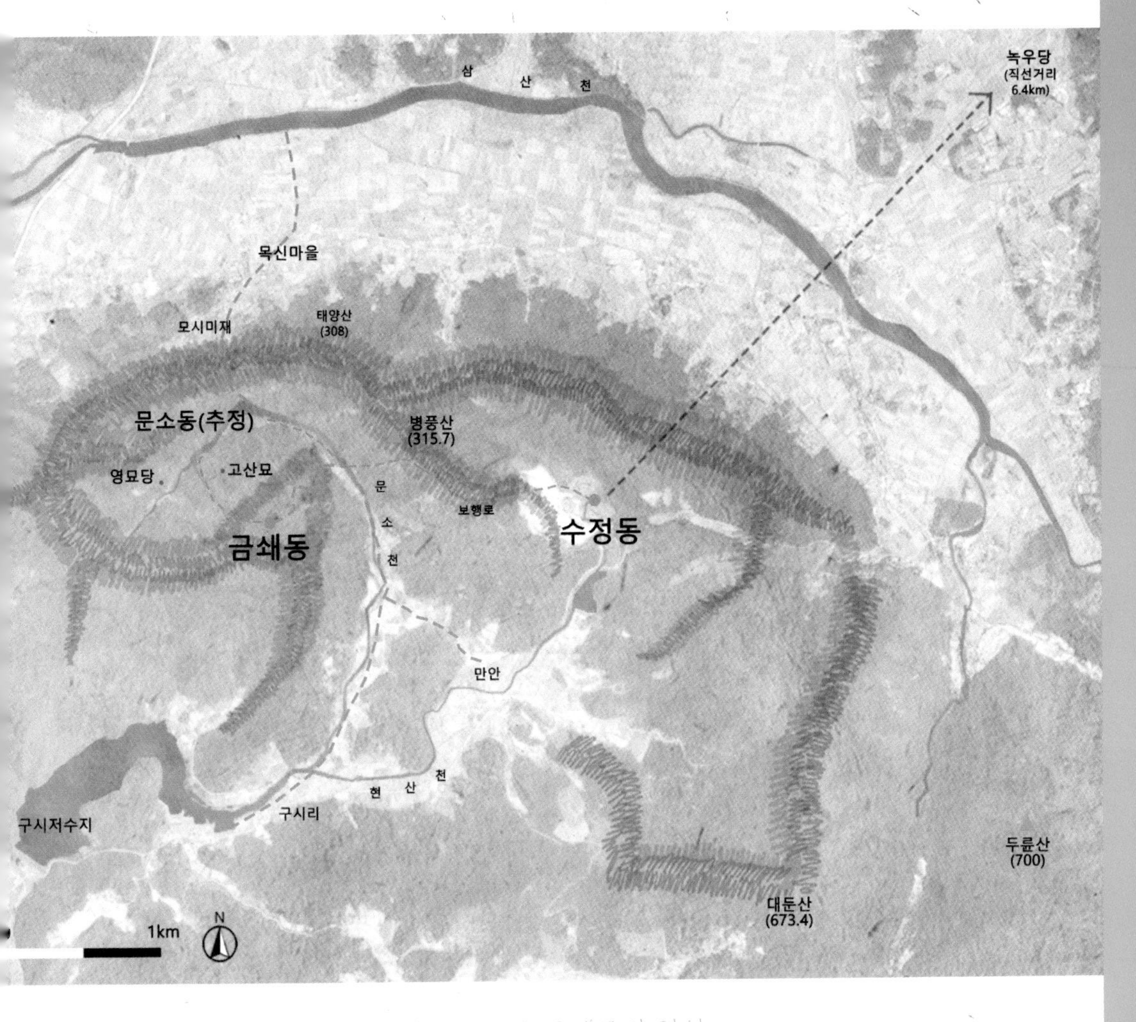

수정동, 문소동, 금쇄동의 위치

고산은 산지 계곡부 빼어난 바위와 계류를 찾아내어 수정동 정원으로 만들어
산속에 머무는 생활을 시작한 이후 곧이어 인근에 문소동과 금쇄동 정원을 만들어 즐겼다.
다소 억울하게 당한 2차 유배와 막내의 죽음 등 겹친 아픔을 겪은 직후였다.
모두 종가에서 십여 리 떨어진 병풍산 인근으로
사후 그를 기리던 영모당과 묘소도 문소동 근처에 위치하고 있다.
© 작도 정함익, 최유나

그런데도 고산에게 각별한 까닭은 고산(孤山)이라는 그의 호가 바로 그곳의 작은 산에서 시작되었기 때문이다. 한강과 왕숙천 사이가 홍수로 온통 물에 잠겨도 그 작은 뫼(산)만은 홀로 잠기지 않는 것을 자신의 심정과 연관 지어 호로 삼은 것이다. 현재는 한강이 대폭 넓어지고 왕숙천도 직강화(하천의 물을 직선으로 바꾸는 것) 되는 등 풍경이 많이 바뀌었지만 남겨진 왕숙천 폐천 일부와 구릉지, 한강 변에 남아있는 작은 산봉우리로 당시 모습을 어느 정도 추측해 볼 수 있다. 고산보다 80여 년 후에 활동한 겸재 정선이 그린 〈삼주삼각산〉에는 굽이치며 합류하는 한강과 왕숙천의 하천풍경 주변으로 명월정과 해민료로 추정되는 건물을 확인할 수 있다.

고산이 만든 정원은 입지에서부터 몇 가지 특징이 있다. 첫째 고산이 정원을 만든 곳은 대체로 바위와 물을 갖춘 경치가 좋은 곳이다. 남다른 안목으로 자연 그 자체가 아름다운 곳을 찾아내서는 자신의 과학적 지식과 내면의 미적 감각을 총동원해서 정원으로 만들어 낸 것이다. 둘째 흥미롭게도 그 장소들은 자연 경승지라도 각기 다른 특징을 지니고 있다. 수정동은 작은 계곡의 안쪽 끝 지점이고, 문소동은 주막과 고개가 있어 수많은 이들이 왕래하던 좀 더 큰 계곡부이며, 금쇄동은 뜻밖에도 산꼭대기의 옛 산성터다. 그런가 하면 부용동은 바다 한가운데 섬인데 그 안에서 바닷가 포구에 가까운 계류변(세연정)과 산중턱(동천석실), 산기슭(낙서재), 작은 계류변(곡수당)에다 각기 다른 유형의 정원을 만들어 즐긴 곳이다. 셋째 고산이 정원을 만든 곳은 대체로 사람들이 사는 마을과는 떨어진 곳들이다. 이른바 인간 세상과의 거리 두기가 확보된 곳인 셈이다.

결국 고산은 산수가 빼어난 곳을 찾아내어 그 장소의 특징을 세심히 읽어내고 자신의 예술적 감각을 더해 '장소 특수해'(場所 特殊解/ 장소의 특수성을 잘 담아낸 해법)로서 각기 독창적인 정원을 만들어 즐긴 것이다.

삶과 자연

85세 파란만장한 고산의 생애는 그야말로 고난과 속박으로 점철되었다. 아름다운 산천의 자연미를 섬세하게 읽어내고 신선 같은 풍류와 서정적 미학으로 풀어낸 감수성 짙은 시인이었지만, 다른 한편으로는 당대 최고의 권력과 한 치의 타협 없이 외롭게 싸운 정치 논객이었다.

그는 국부(國富)로 불릴 만큼 부자였다. 금수저로 태어난 그가 마음먹으면 얼마든지 호의호식을 누리며 편한 삶을 살 수도 있었다. 그러나 현실에 눈감는 대신 평생 이십여 차례의 소(疏)를 올릴 정도로 권력층의 비리를 신랄하고 가차 없이 비판하고는 했다. 그 결과는 늘 집요한 비방과 유배로 귀결됐지만 끝내 자신의 뜻을 굽히지 않았다. 실록은 그를 가리켜 "직설적인 말로 홀로 싸우기 좋아한다"고 설명하고 있다. 하지만 별다른 정치적 배경도 없던 그가 줄기차게 최고 권력층을 과감히 지적한 것은 결코 싸우기 좋아해서가 아니었을 것이다. "교묘하게 아첨하여 뜻을 이루는 자가 아니다"라고 평가했던 효종의 말로 미뤄 보면 그는 타협할 줄 모르는 강직한 기질을 타고난 듯하다.

그런 고산에게 자연은 단지 휴식과 경치를 보고 즐기는 장소만은 아니었을 것이다. 번뇌 많은 인간 세상을 벗어나 아름다운 자연을 벗하면서 자신을 지키는 이상적 낙원으로 여겼다. 20대까지만 해도 그는 자연은 인간의 빈부귀천에 상관없이 공평하게 혜택을 베풀어 주는 것이라는 '공정성', 사람의 정신을 맑게 하여 마음을 넓혀 준다는 '효용성'이라는 객관적 관점으로 인식했었다. 하지만 30대 이후 심한 정치적 부침을 겪으면서 자연을 점차 현실과 대비되는 관념적 대상으로 간주하기 시작했다. 정치적 역경으로 삶이 힘들수록 자연은 그에게 이념 이상의 매개이면서 좌절된 현실로부터의 탈출구이자 머무는 곳으로 여겨진 것이다. 누구에게나 공평하게 베풀어주는 자연이 점차 인간 세상의 이념에서 벗어날 수 있는 쉼의 공간으로 와 닿았던 셈이다.

드론으로 본 금쇄동 형국

산봉우리에 오목하게 들어간 계곡부 옛 산성터를 찾아내 정원으로 만든 곳이다.
산꼭대기지만 오목한 지형이라 물이 있고 찬바람도 피할 수 있다.
멀리 원경을 즐길 수 있으면서 삼광(해, 달, 별)이 어우러지는 형국이어서
길지(후손에게 장차 좋은 일이 많이 생길 터)라고 감탄하며 정원으로 만들었다. © 성종상 2011년 2월

정원 생활을 통해 고산이 추구한 삶은 '늙은 가짜 어부'(假漁翁 가어옹) 혹은 '신선', 두 가지 면모로 볼 수 있다. 늙은 가짜 어부가 세속적 욕망에 얽매이지 않는 소박한 삶을 추구한 것이라면, 신선은 세속적 욕망은 물론 아예 인간의 육체적 한계까지 떨쳐낸 존재가 되기를 꿈꾼다.

늙은 어부 혹은 신선으로 살기

굳이 생계를 위해 물고기를 잡지 않아도 되는 늙은 가짜 어부는 세속의 물욕에서 벗어나 자연 속에서 유유자적하며 살아갈 수 있다. 그가 완도 보길도에 정원을 마련한 지 15년여 후에 지은 〈어부사시사〉에는 한적함을 즐기는 늙은 어부의 삶이 짙은 서정과 함께 잘 묘사돼 있다.

한국 정원사에서 최고의 물의 정원이라고 불리는 세연정은 〈어부사시사〉의 탄생 배경이자 시연 무대다. 계류를 막아 만든 연못에 작은 나무배를 띄우고 어린 남자아이들에게 거문고 연주에 맞춰 〈어부사시사〉를 부르게 한 것은, 늙은 어부를 주인공으로 연출한 한 편의 오페라라고 할 만하다. 무용수들이 추는 역동적 춤과 큰 동작의 춤도 그 예술적 향연을 빛냈다. 특히 맞은편 산 중턱 옥소대에서 추는 무용수의 춤은 신선처럼 지내고 싶어 했던 고산의 시적 구상을 완성해 주는 중요한 원천이었다.

상상해 보시라. 키 큰 무용수가 긴 소매로 너울너울 춤을 추는 것을 잠잠한 수면 위로 비춰 보노라면 어느새 그 모습이 하늘을 배경으로 구름 타고 오는 선녀로 바뀌 보이지 않았을까? 굳이 어린 남자아이들이 노래를 부르게 한 것도 까닭이 있다. 그들의 미성을 마치 천상의 소리인양 간주하고는 세상 속에 있지 않은 경지를 꿈꾸고자 한 것이다(그러고 보면 영화 <파리넬리>도 천상의 목소리를 유지하기 위해 변성기가 되기 전 거세당한 한 남자의 비극적 삶이 주제이지 않던가).

세연정은 아름다운 정원 속에서 예술적 향연을 통해 늙은 어부의 한적함과 신선의 탈속적인 초월, 그 두 지점을 넘나든 꿈꾸기의 현장이다. 어쩌면 고산은 춤과 노래, 음악이 함께 어울린 예술 공연을 반복하며 <어부사시사>를 다듬어 완성했는지도 모르겠다.

세연정에서의 국악 공연

고산의 대표적인 연시조(어부사시사)의 탄생 배경지인 정원 세연장

© 성종상 2016년 10월

동천석실

고산은 높은 바위 절벽 둘이 겹친 중간 턱에 작은 정자를 지어 석실로 즐겼다.
중력의 한계를 지닌 인간은 감히 다다를 수 없는 지점을 택함으로써
그곳이 신들이 머무는 곳처럼 보이게 표방하려는 구도는 금쇄동 휘수정에서도
유사하게 발견된다. ⓒ 성종상 2008년 8월

세연지

흐르는 계곡물을 돌로 막아 만든 연못. 이곳을 바라보며 지은 정자가 세연정이다.

ⓒ 성종상 2008년 8월

신선을 꿈꾼 고산의 의도는 이외에도 정원 곳곳에 다양한 방식과 구도로 드러나 있다. 신선을 지향하는 가장 쉬우면서 간결한 방식은 명명(命名), 곧 이름 짓기다. 부용동의 동천석실, 수정동의 요석암, 금쇄동의 집선대, 난가대, 흡월, 연화, 월출암은 모두 공통적으로 신선계(神仙界)를 표방하는 이름이다.

신선계를 추구하는 또 다른 방식은 장소 선정이다. 그것이 잘 구현된 곳이 부용동의 동천석실과 금쇄동의 휘수정이다. 육체적 한계를 지닌 인간이 쉽사리 도달하기 어려운 험준한 절벽 위에 놓인 정자는 가히 신선만이 즐길 수 있음 직한 곳이다. 중력의 한계를 떨쳐버리고 훨훨 날지 않고서는 감히 다다르기 어렵다. 또한 눈 아래로는 인간 세상을 내려다볼 수 있는 곳에 정자를 만들어 자신이 마치 신선이라도 된 양 한껏 상상의 나래를 펼치기 쉬운 곳이다.

명월정 터로 짐작되는 곳에 남아 있는 은행나무 거목

남양주 수석동 한강을 내려다보는 높다란 언덕 위에 있다.

ⓒ 성종상 2005년 8월

금쇄동의 불차(不差)

주정원에 오르는 길목 첫 번째 관문으로서 일종의 석문에 해당하는 곳이다. 고산은 신선계(神仙界)로 설정한, 정상에 있는 금쇄동 정원을 찾아가는 첫 관문으로 이런 형상의 바위를 설정했다. "이곳을 통해 들어가면 신선계로 들어가는 듯한 금쇄동에 가는 것이 틀림이 없다"는 뜻에서 '불차'라고 이름 지었다. 자신의 신성한 금쇄동에 대한 남다른 애착과 자부심의 표출인 셈이다.

이는 마치 영국이 자랑하는 정원 스투어헤드 정원(Stourhead Garden) 안쪽 플로라 신전(Flora Temple) 처마에 써 있는 '(신성에) 무지한 자는 감히 들어오지 말지라'고 써 둔 것을 연상시킨다. 파할 수도 있는 인위적 건축 대신에 있던 바위를 거의 그대로 활용했다는 점에서 스투어헤드와는 다르다. 탁월한 땅 읽기에 입각한 생태 미학이 돋보이는 지점이다. © 성종상 2002년 2월

정원 생활을 통해 고산이 추구하거나 얻은 것은 세 가지로 요약할 수 있다. 첫째, 그는 자연에 들어가 정원을 짓고 즐김으로써 혼탁한 정치와 세속적 욕망으로부터 벗어나 자신을 지킬 수 있었다. 심한 정치적 핍박과 좌절을 반복적으로 겪으면서도 소신을 지킬 수 있었던 것 또한 힘들 때마다 자연 속 정원에서 얻은 위안 덕택이었을 것이다. 출처지의(出處之義), 곧 '벼슬길 아니면 물러나 자신을 지키는 것이 마땅한 도리'라고 하는 것이 당시 사대부들의 처신법이었다. 그런 점에서 고산에게 자연 속 정원은 좌절된 벼슬길로 생긴 상처를 어루만져 주는 위로의 장이었다. 돌아갈 자연이 있고 그 속에서의 치유와 안식이 있었기에 끝내 세상과 타협하지 않고 자신을 지킬 수 있었을 것이다.

둘째, 자연에 대한 감수성이 유별났던 고산은 산수 간에 지은 정원에서 주위 자연과 심미적 교감을 한껏 즐김으로써 예술적 재능을 더 키울 수 있었다. 그는 천문, 지리, 역법, 풍수 등 다방면의 지식과 탁월한 안목으로 자연미를 읽어내며 서정성 짙은 우리말 시문으로 풀어냈다. 거문고를 직접 제작하고 만드는 법을 책으로 정리했을 정도였던 고산의 음악적 자질 역시 정원 속 자연과의 만남을 통해 더욱 깊어졌다. 거문고는 직접 연주하기도 했지만 때로는 잘 타는 이를 초대해 연주하도록 하면서 함께 즐기기도 했다.

셋째, 자연과 함께하는 삶을 통해 그는 인격을 깊이 있게 갈고 닦고 절제된 삶을 사는 법을 실천했다. 부자였지만 호의호식보다는 검소한 생활을 즐겨하며 자족하려고 했던 것으로 전해진다. "자신을 위해서는 간소히 하였고 평소 의복과 음식에 검약하였다"라거나 "궁벽한 곳에서의 삶을 괘념하지 않았고 욕심 없이 담박하여 좋은 음식이 필요하지 않았다"라는『고산유고』의 기록은 고산의 삶을 잘 대변해 주고 있다.

56세 때 수정동에서 쓴 시 만흥(漫興)이다.

"보리밥 풋나물을 알맞게 먹은 후에 바위 끝 물가에 싫도록 노니노라 그 남은 일이야 부러울 게 있으랴(현대 한글로 고쳐 옮김)."

"앞산에 비가 개니 고사리 새로워라 봄 맞는 아낙네 찬 없다 불평 마오
샘물 가득 부어 보리밥 말고 보면 유인의 살림살이 가난치만 않다네(번역 필자)."

59세 때 금쇄동에서 지은 〈책상 앞에서〉(對安)라는 시에도 전원 속 소박한 삶에 자족하는 고산의 마음이 가감 없이 잘 드러나 있다. 그 밖에 아들에게 준 글 〈기대아서〉(寄大兒書)에는 어렵고 가난한 이를 도울 것, 남에게 폐를 끼치지 말 것, 노비를 함부로 부리지 말 것 같은 지침도 담겨 있다. 노비를 다루는 일에서도 그들이 사는 즐거움을 잃지 않게 하고 질책해 자신을 학대한다는 원망 대신 돌봐준다는 느낌을 잃지 않도록 하라고 말한다. 인본주의적 가치관과 태도의 단면이다.

이런 의식은 일반 백성에게도 연장되는데 그가 올린 을해소(乙亥疏), 진시무팔조소(陳時務八條疏), 시폐사조소(時弊四條疏)에는 애민 의식과 목민 윤리가 짙게 담겨 있다. 그가 30대에 첫 번째 귀양살이를 할 때 쓴 시, 여종이 낡은 세숫대야를 깨뜨렸을 때 남긴 시 〈여해파관면노와분(女奚破盥面老瓦盆)〉에는 아랫사람에 대한 속 깊은 마음 씀이 잔잔하게 잘 드러나 있다.

"대야 깼다고 어린 여종 혼 내지 마라.
괜히 타향에서 고생만 시켰나 보네.
산속 삶에서 별난 일임을 하늘이 가르쳐 주려는구나.
이제부터 앞 내 나가 내 얼굴 씻으려네."

좌절된 출세와 유배를 평생 반복적으로 겪으면서도 고산은 어떻게 신념을 지키고 절제된 삶을 살 수 있던 걸까? 피비린내 나는 정쟁의 핵심 당사자로서 끊임없는 비방과 질책을 받는 와중에도 빛나는 시를 탄생시킨 시적 감수성을 어떻게 길러낼 수 있었을까?

타협할 줄 모르는 강직한 기질에다 예술적 감수성과 선천적 재능이 바탕이 된 것은 분명하다. 하지만 그런 기질과 재능이 꺾이거나 막히지 않고 제대로 발휘된 데에는 자연 속 정원 생활에 힘입은 것이 컸을 것이다. 아름다운 자연 속에 자신의 의도를 반영한 정원을 만들고 마음껏 즐김으로써 예술적 끼와 재능을 한껏 피워낼 수 있었던 게 아닐까?

그렇게 맛본 자족감이 세상사로 쌓인 응어리도 어느 정도 해소해 주었을 것이고 그 결과 좌절이나 한탄에 빠지지 않고 자신을 지켜낼 수 있었을 것이다. 정치적 욕망에서 나온 갈등이 팽팽한 긴장을 유발하곤 했다면, 정원 생활은 그렇게 과민해진 긴장감을 해소해 주는 스펀지 역할을 했을 것이다.

보길도와 해남 등지의 정원 생활이 없었다면 고산은 어쩌면 현실 부적응자나 광인(미친 사람)으로 생을 마치고 말았을지도 모른다. 당연히 한국 최고의 국문 시집인 『오우가』나 〈어부사시사〉 같은 아름다운 시도 태어나지 않았을 것이다.

그렇게 보면 우리 시대 정원의 효용과 의미를 새삼 되새길 만하지 않은가?

유용한 정보

수정동

주소 전라남도 해남군 현산면 만안리 산1
녹우당에서 약 10km

—

찾아가기 해남읍에서 806번 도로를 타고 녹우당 앞을 지나 대흥사 쪽으로 가다가 삼산초등학교를 지나 우회전하여 땅끝 방향으로 가다가 작은 저수지 만안지에서 급우회전하여 작은 계곡으로 들어가면 거대하게 파헤친 돌 광산이 있다. 수정동을 찾아가려면 그 돌 광산을 가로질러 작은 계곡으로 들어가야 한다. 작은 계류 변을 따라 나 있던 예전 길은 거의 흔적을 찾기 어렵고 나무 덤불을 헤치고 수십 미터를 들어가면 작은 대숲을 통과한 후 우측으로 갈라지는 계류를 만난다. 그 계류를 따라 수십 미터 오르면 계곡을 턱 막고 있는 커다란 바위를 볼 수 있는데 곧 수정암이다. 상하지의 제방과 인소정터 석축 등이 숲속에 방치되어 있어 혹시라도 그것들을 훼손시키지 않도록 주의해야 한다. 상하지와 계류에 물이 풍부한 여름철 비 온 후에 방문하면 수정암에 떨어지는 폭포 수정렴을 제대로 감상할 수 있다.

금쇄동

주소 전남 해남군 현산면 구시리 산 181외
녹우당에서 약 12km

—

찾아가기 해남읍에서 806번 도로를 타고 수정동 앞 만안지를 지나 약 700미터 만안리 마을 입구에서 우회전하여 금쇄동길로 약 1.5km 이상 가면 금쇄동 안내판을 만난다. 그곳서 시내(문소천)을 건너 산을 오르면 불차부터 시작되는 금쇄동 영역으로 들어갈 수 있다. 산꼭대기 오목한 부분에 위치한 금쇄동 정원 주영역에 도달하려면 오르는 도중 이중 바위 절벽 중간에 있는 휘수정 터와 그 앞 폭포, 그 위쪽의 옛산성을 지나야 한다. 금쇄동 주영역 안에 들어가면 상지와 하지, 월출암 등과 함께 불훤료, 회심당, 교의재 등의 건물터를 볼 수 있다.

계류와 폭포의 물을 제대로 보기 위해서는 큰비가 온 뒤 답사하는 것이 좋다. 현재 금쇄동은 사적지로 지정돼 있고 사유지여서 평소에는 금쇄동길 중간에 차량 통행 차단시설이 설치돼 있다. 시간 여유가 있다면 수정동에서 병풍산 능선을 타고 문소천으로 내려왔다가 다시 금쇄동으로 오르는, 고산이 다녔을 것으로 추정되는 옛길을 걸어 보는 것도 해볼 만하다.

금쇄동 안내판 앞에서 문소천을 따라 약 2km 가까이 오르면 좌측으로 고산 묘소와 신도비가, 우측에 고산 제각 영모당(永慕堂)이 있다. 고산이 수정동에 이어 머문 문소동이 그 근처 어디가 아닌가 추정된다.

부용동

주소 전남 완도군 보길면 부황리 일대

—

찾아가기 어객선으로 해남 땅끝마을에서 노화도 산양항으로 가거나 혹은, 완도 화흥포항에서 노화도 동천항으로 간후 차량으로 보길도까지 건너갈 수 있다.

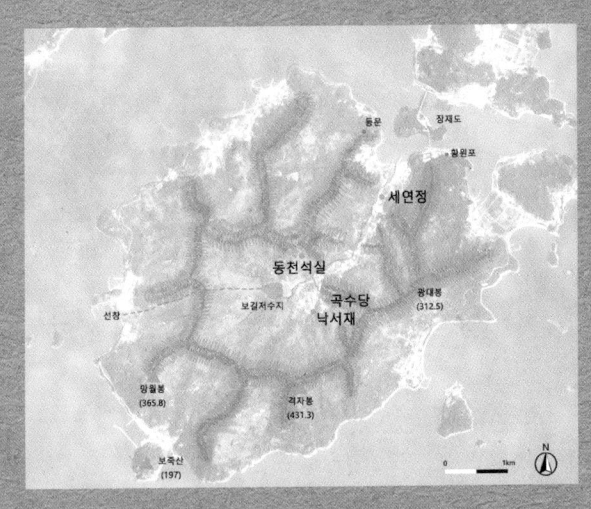

부용동 정원 배치도
보길도는 병자호란으로 조선이 치욕을 당하게 되자 고산이 탐라(제주)에라도 들어가 살겠다며 가다가 풍랑으로 잠시 머물다가 풍광과 형국이 마음에 들어 정착하게 된 곳이다. 주산 격자봉에서 내려오는 혈처에 주거처인 낙서재를 짓고 풍수상 요처에다 세연정, 동천석실, 곡수당 등을 지어 섬 전체를 자신의 정원으로 간주하며 즐겼다.
© 작도 정함익, 최유나

주요 정원

1. 세연정

고산이 기존 계류를 막아 두 개의 연못(계담, 방지)을 만들고 그 중간에 정자 세연정, 그 양쪽 앞에 동대와 서대를 만들어 거문고 연주와 노래, 춤과 시를 즐겼던 곳이다.

고산 사후 오랫동안 방치되면서 훼손되었다가 1993년 복원되었고 2016년에 고산 윤선도 문학관이 신축되었다. 현재 입장권은 문학관에서 구입해 들어갈 수 있다.

입장료 성인 2,000원, 학생 및 군인 1,500원, 어린이 1,000원
주차장 무료

2. 낙서재

주봉 격자봉 아래 혈처에 해당되는 지점에 고산이 주 거처로 지은 집이다. 주변 땅의 형국과 세부 형세에 맞춘 탓에 북향집이지만 남부지방에다 산이 주위를 둘러막고 있어서 별로 문제가 되지 않는다.

오랫동안 방치되어 있던 것을 2011년 건물들만 복원했으나 처마를 넘겨 낙수 시키는 방식의 입수 장치와 연못, 괴석 등은 흔적조차 찾아보기 어려운 상태로서 한국 최고의 정원가가 살았던 면모와는 거리가 너무 멀다.

입장료 무료
주차 아래쪽 진입부 주차장에 주차

3. 곡수당

낙서재 앞 계류변에 고산의 아들 학관이 주도해 만든 거처다. 낙서재나 세연정보다는 작은 건물들로 구성돼 있다. 기존 계류에서 물을 끌어와 만든 사각형의 상지를 채우고 넘치는 물은 가산에 대었다.

산기슭 완만한 경사지에 기존 개울을 중심 요소로 활용하면서 단정한 석축과 대, 사각형 연못을 더해 전체적으로 단정하고 잘 정돈된 느낌을 주는 정원이다.

입장료 무료
주차 아래쪽 진입부 주차장에 주차

---

4. 동천석실

부용동에서 안산에 해당하는 낙서재 맞은 편 산 중턱 바위 절벽 위에 만든 작은 정자다. 바위 절벽 아래 바위에는 고산이 찾아 이름 지은 작은 샘(석천), 연못(석담), 폭포(석폭) 등과 돌다리(희황교), 돌계단(석제) 등이 있다.

동천석실 앞에서는 맞은편 격자봉과 그 아래 부용동 골짜기 전체, 부용동 입구까지 한 눈에 보인다. 고산이 선계(仙界)라고 표방하면서 '부용동 제일 절승'이라고 한 까닭을 알 만하다.

입장료 무료
주차 산 아래 도로변에 주차

12

안평대군

안평대군 이용(安平大君 李瑢)은 조선의 왕자이며 서예가이자 시인이다.
세종의 3남이지만 바로 위 형인 수양대군에 의해 36살에 죽임을 당했다.
서예, 시문, 그림에 뛰어나 '삼절'이라고 불렸으며 한석봉과 함께 명필로 여겨졌다.
그의 글씨는 〈몽유도원도 발문〉에 드러나 있으며 현재까지 가치를 인정받고 있다.
몽유도원도는 안평대군이 꾼 꿈을 화가였던 안견에게 이야기해 그리게 했다.
중국의 유명한 문인들의 서예와 그림을 수집했던 수집가였으며
명나라 황제까지도 감탄했을 정도의 명필가였다.
수양대군이 일으킨 사건인 계유정난에 휘말려 강화도로 귀양을 떠났고,
김종서, 황보인과 함께 정변을 꾀했다는 이유로 죽임을 당했다가 이후 숙종 때 복권되었다.

조선 최고의 금수저이자 문예부흥가로 짧은 삶을 살았던_ **안평대군**

아버지의 유언과 형의 권력욕 사이 그를 숨 쉬게 했던 산수풍경

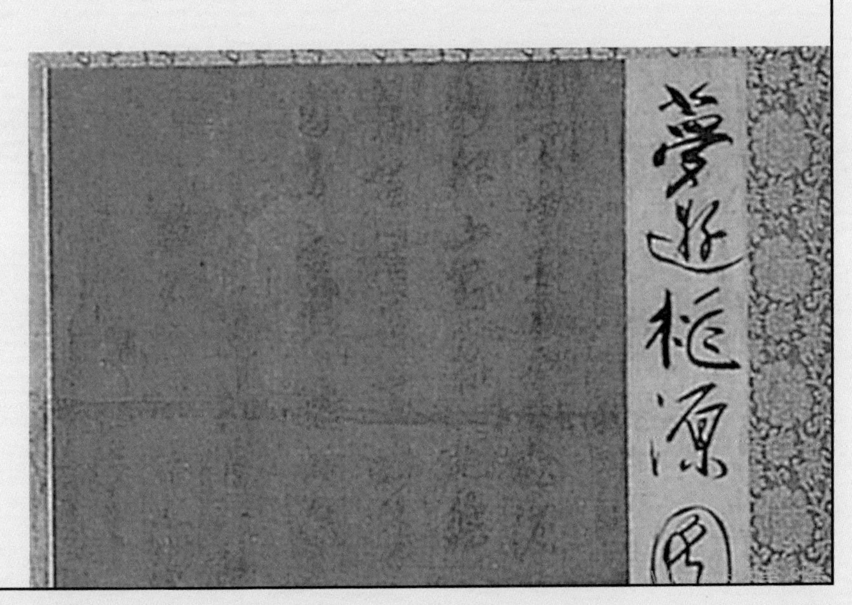

안평대군 〈몽유도원도〉 표지) © 일본 덴리대

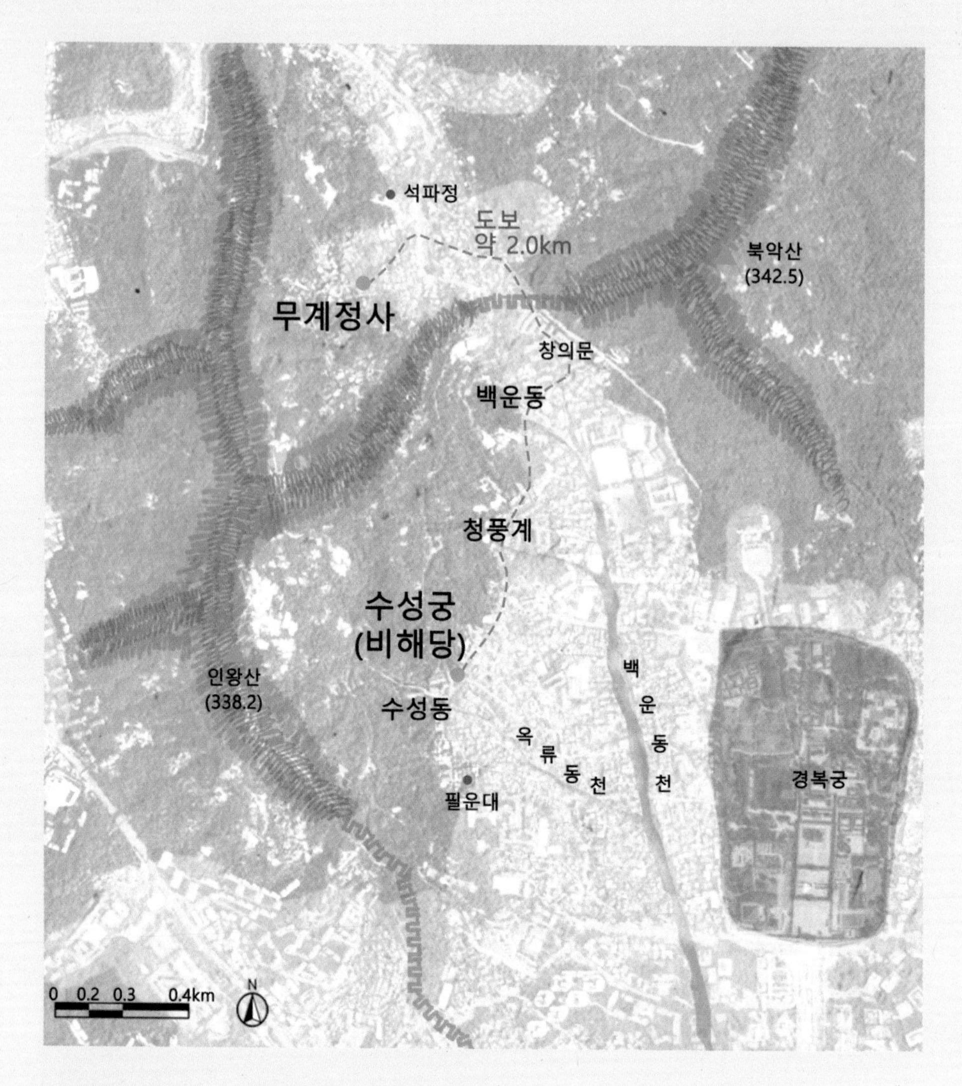

안평대군의 집 수성궁과 무계정사 위치

안평은 인왕산 자락 계곡부 물소리가 아름다운 곳에
위치한 수성궁에서 살았다.
그의 별서 무계정사는 꿈에 본 이상적 풍경을
화가 안견에게 시켜 〈몽유도원도〉를 그리게 한 이후,
우연한 산책 중에 그와 비슷한 경치를 발견하고서 만든 곳이다.
ⓒ 작도 정함익, 최유나

안평대군 이용, 조선 최고의 문예가

안평대군 이용(安平大君 李瑢, 1418~1453)은 조선 최고의 성군 세종의 셋째 아들이다. 시, 그림, 글씨에 모두 능해 삼절(三絶)로 불렸다. 서예에 특별히 뛰어나 중국에까지 명필가로 이름을 날리기도 했다. 시문뿐 아니라 그림 그리기와 거문고 연주에도 일가를 이뤘을 정도로 예술가적 면모를 두루 겸비한 인물이다. 그야말로 '금수저'였던 안평대군은 탁월한 예술적 안목을 바탕으로 중국 역대 왕조와 일본, 조선의 이름난 글씨와 그림 수백 점을 수집했다. 그런 이유로 조선 초기 문화예술의 최고 후원자로 평가되기도 한다.

호방하고 활달한 성품으로 집현전 학자를 중심으로 한 당대의 문인학자, 예술가는 물론 종교인(스님), 중인에 이르기까지 다양한 사람들과 폭넓게 교류하며 문예적 소양을 한껏 발휘한 문화예술가였다. 타고난 재능과 총명함으로 학문과 예술을 사랑했고, 선한 심성에 덕과 배포가 있어 뭇사람들이 믿고 따랐다. 세종을 도와 왕실 주도의 문학 모임이나 연회, 서적 편찬, 경전 번역, 한글 창제 등 문예활동에 적극 참여했다. 이런 행동들로 안평대군은 조선초 문예부흥을 이끈 핵심 주역으로 평가되기도 한다.

그러나 친형 수양대군(세조)에 의해 역적으로 몰려 36세 젊은 나이에 죽임당해 활짝 개화하기 시작했던 조선의 문예활동은 그와 함께 시들었다. 이후 그와 관련된 흔적들도 철저히 파괴돼 역사 속으로 사라져 버렸다.

안평대군은 왕자로서 대군으로서 화려하고 풍족한 삶을 살았지만 친형에게 죽임을 당한 비극적 삶의 주인공이다. 불과 36년이라는 길지 않은 생애였지만 정원 생활과 관련해 그가 남긴 족적은 뚜렷하다. 그중에서도 직접 조영하거나 일정 기간 이상 살며 즐긴 정원들은 다음과 같다.

수성궁(水聲宮)

안평대군은 13세에 혼인한 뒤 궁궐에서 나와 인왕산 자락의 수성궁에서 살기 시작했다. 인왕산 계곡 수성동은 그윽한 골짜기 안에 기암괴석이 여기저기 솟아나 있다. 암반 사이로 흐르는 맑은 물소리로 유명한 한양의 경승지였다. 안평대군은 자연 그대로에 다채로운 정원 요소를 갖춰 안팎의 경관과 경물들을 골라 48경이라고 이름 짓고 그림을 그리며 즐겼다. 그렇게 그려 놓은 그림을 보며 시를 짓고 노래했다. 자신이 먼저 부르고 나면 그 뒤로 최항, 신숙주, 성삼문, 이개, 김수온, 이현로, 서거정, 이승윤, 임원준 등 9명의 당대 최고 문인 학자들을 초대해 48경을 구경시키고 그 감흥을 시로 짓도록 요청했다.

당시의 시를 모은 『비해당48영(匪懈堂四十八詠)』에는 온갖 경물들을 다채롭게 갖추고 있던 수성궁 정원의 호사로운 면모가 잘 묘사돼 있다. 시에 언급된 36종 식물 중에는 귤, 치자,

석류, 파초 같은 남부수종은 물론 일본 철쭉까지 갖추고 있어서 당시로는 최고 수준의 식물 수집이었다는 걸 짐작할 수 있다.

정원은 다양하고 특색 있는 유형의 건축물들과 소정원, 수공간들이 계류와 지형을 따라 분화돼 있었다. 왕족이 가진 부와 권력을 바탕으로 안평대군의 관심과 취향이 한껏 드러난 고급 정원이었던 셈이다. 그렇게 잘 조성해 놓고서 당대 최고의 문인 학자들과 더불어 정원-그림-시라는 여러 장르를 넘나들며 품격 높은 정원문화를 향유했다. 수성궁은 안평대군이 지녔던 탁월한 문예 감각이 아름다운 자연과 정원 속에서 한껏 펼쳐졌던 현장이었다. 계유정란으로 안평대군의 짧은 생애가 끝나면서 수성궁은 숙부 효령대군의 소유로 넘어갔다.

무계정사(武溪精舍)

무계정사는 한양도성 북문 밖 서북 측 골짜기에 있던 안평대군의 별장이다. 나이 서른셋이 되던 1450년 가을에 우연히 백악산 산록을 거닐다가 꿈에서 본 장소를 떠올리며 찾아낸 곳이다. 초목이 들쭉날쭉한 모양과 샘물이나 시내의 그윽한 형태가 꿈에서 본 무릉도원과 흡사했다. 그곳을 발견한 후 안평대군은 바로 이듬해에 두어 칸 정사를 짓고는 무계정사(武溪精舍)라고 이름 지었다. 그는 그곳이 "실로 마음을 즐겁게 하고 은자(벼슬을 하지 않고 산야에 숨어 사는 사람)들을 깃들게 하는 땅이다"라며 흡족해 했다. 그곳에서 뜻이 맞는 문인들과 지인들을 초대해 시 짓기와 활쏘기 등을 즐겼다.

무계정사의 상세한 면모나 그곳에서의 삶을 자세히 읽어내기는 어렵지만 만든 직후 방문한 집현전 학자 이개(조선 전기 문신)는 그곳을 이렇게 묘사했다.

"백악산 서북 기슭에 붙어 있는데 밖은 조밀하나 안쪽은 완만하여
살짝 숨겨진 한 구역을 이루고 있다.
동서로는 200-300보(약 360-540m) 남짓하고 남북은 그 절반쯤 된다.
시냇물이 가운데로 흘러서 돌에 부딪혀 거품을 이루고 세
찬 물소리를 내며 아래로 쏟아져 계곡 입구에 이르러서는
열두어 발(약 18m) 길이 폭포가 되어 떨어진다.
못에는 연꽃을 심었고 채소밭에는 외를 심었으며,
복숭아 수백 주와 대숲이 주변을 에워싸고 있다.
정사가 계곡 입구에 자리 잡고 있는데
계곡이 서남향이므로 건물과 울타리가 산을 가로질러 시내를 굽어보고 있었다.
올라가서 돌아보니 풀과 나무가 무성하고
연기와 구름이 뭉게뭉게 피어올라서 비어 있는 듯도 하고
그윽하기도 하여 완연히 도원동(桃園洞)의 기이한 운치가 있었다."

원래부터 계곡물과 바위들이 어울려 아름다운 경치를 지닌 곳인 데다 적절한 자리에 연못과 채소밭을 만들고 건물을 앉혔다. 그렇게 자연과 인공이 어울린 정원으로 탄생시킨 것이다. 아쉽게도 지금은 무계정사의 자취를 짐작하기도 어렵고 관련 자료도 거의 없다. 계유정란(癸酉靖亂)에 성공한 직후 수양대군 측이 "원래부터 집을 지을 장소가 아니었다"고 비난하면서 무계정사를 헐어버린 데다 이후에도 그곳은 금기의 대상으로 사실상 버려진 탓이다.

안평대군의 반역 죄목 중 하나로 간주될 만큼 무계정사는 정치적 의미로 해석되었다. 풍수적으로 방룡소흥지지(旁龍所興之地/ 왕기가 서린 곳)라는걸 안평대군이 알고 터를 잡은 명백한 역모의 증거로 몰아세운 것이다. 그가 정말로 반역을 꿈꾼 것인지 아니면 단지 마음을 즐겁게 하고 은자들이 모이기 좋은 곳을 찾아 즐긴 것인지는 알 길이 없다.

수성계곡의 기린교

크고 기이한 암반 사이로 흐르는 계곡물이 내는 소리로 유명했던 수성계곡.
인왕산 자락의 대표적인 경승지다. 안평대군의 집 수성궁 근처에 있었던 기린교(사진 정면 돌다리)는
최근 복원되었지만 화려했던 수성궁 정원은 흔적조차 찾을 수 없다. © 황인혁 2015년 1월

무계정사 터에 남아있는 바위 글씨

무계동이라는 글자는 안평대군이 직접 쓴 글씨로 전한다.
그러나 현재는 바위 글씨 외에 그가 발견했다고 한 바위, 계류, 폭포는 물론
산과 계곡의 지형조차 제대로 읽어내기 쉽지 않다. © 황인혁 2017년 8월

무계정사의 위치와 주변

수성동에 있던 비해당에서 인왕산 기슭을 따라 무계정사까지 가는 길은 그다지 멀지 않고 걷기에도 수월하다.
도보거리 약 1.8km정도로서 걸어서 약 30분 이내에 도달할 수 있다.

겸재 정선의 〈창의문〉(1745년, 비단 위 엷은 채색)

크고 작은 바위틈을 따라 굽이치며 흐르는 백운동천을 따라 오르다 보면
인왕산(좌)과 북악산(우)이 만나는 지점에 창의문이 보이고
그 뒤로 벽련암이 웅장한 자태를 보인다.
안평대군도 수성궁에서 이 길을 따라 걷다가
창의문을 지나 무계정사지를 찾았을 것이다.
직선거리로는 겨우 1km 남짓하지만 당시 창의문 밖은
번화한 도성으로부터 완전히 구별된 별세계처럼 보였음직하다.
가히 무릉도원으로(이 세상 경치가 아닌 듯 아름다운 경치) 보일 만했을 것이다.
© 국립중앙박물관

담담정(淡淡亭)

안평대군은 지금의 마포대교 북단 언덕 위에 담담정(淡淡亭)이라는 정자를 세워 수시로 가서 즐겼다. 담담정은 인왕산과 마포 앞 한강이 만나며 이룬 절벽 위에 위치하고 있었다. 절벽 아래로 마포나루가 내려다보이며 동쪽부터 동작, 노량진을 거쳐 용산으로 굽이져 왔다가 서강, 양화, 공암진으로 흘러 나가는 한강의 유연한 물줄기를 조망할 수 있었다. 강 건너편으로도 20여리에 걸쳐 펼쳐진 백사장과 노량진, 여의도와 영등포 지역을 한눈에 조망할 수 있는 최고의 자리였다.

안평은 이곳에다 서적 1만 여권을 갖추고는 학자들과 예인들을 불러서 시를 짓고 문예를 즐겼다. 담담정의 면모를 자세히 알기는 어렵지만 이승소(조선 초기 문신, 서예가)와 강희맹(조선 초기 문신) 등이 지은 『담담정십이영(淡淡亭十二詠)』을 통해 대략을 짐작해 볼 수는 있다. 담담정에서 즐길 수 있는 12가지의 아름다운 풍경으로 마포의 밤비[麻浦夜雨], 밤섬의 저녁안개[栗島晴嵐], 관악산의 봄구름[冠岳春雲], 양화나루의 가을달[楊花秋月], 서호의 배 그림자[西湖帆影], 도성 남쪽의 기러기 울음소리[南郊雁聲], 여의도의 고운 풀[仍火芳草], 희우정의 저녁햇살[喜雨斜陽], 용산의 고기잡이 불[龍山漁火], 잠두봉의 나무꾼 노랫소리[蠶嶺樵歌], 눈 내린 반석 위에서의 낚시[盤磯釣雪], 옹기골의 새벽연기[瓮村薪煙] 가 열거돼 있다. 모두 정자 밖 풍경들이다. 결국 정자 안보다는 바깥이 더 중요하게 여겨진 셈이다.

성간(조선 초기 문신, 학자)이 지은 『담담정시(淡淡亭詩)』에도 계절별로 펼쳐지는 주변 자연의 아름다운 풍광이 잘 묘사돼 있다. 봄에는 고운 풀과 안개 자욱한 들판에 집들이 아른거리고 강가 마을에 수양버들이 햇살에 하늘거린다. 여름에는 해거름(해가 질 무렵)에 물고기가 작은 포말(거품)을 불고, 비 그친 후 물새 떼가 모래벌판에 가득하다. 가을이면 바위에 풀을 깔고 앉아 회를 먹고서 아이를 데리고 작은 배로 낚시하고 돌아와 그물을 건는다. 겨울에는 인적 없는 나루에 해가 저물 때, 아득히 매화꽃 너머로 보이는 술집에 들러 술을 마신다. 아름다운 강변의 자연 속에서 펼쳐지는 여유로운 삶의 정취가 철 따라 다채로운 문화 경관을 이뤘다.

짐작해 보면 담담정은 내부에 정원을 갖췄다기보다 주변의 승경을 즐기는, 다분히 차경(주변의 경치를 빌림)위주의 정원이었을 것이다. 한강변 절벽 위라는 입지를 감안해 보면 너른 터를 확보하기는 쉽지 않았을 거라는 점도 그 같은 짐작을 뒷받침 해 준다. 놀라운 점은 담담정에서 즐긴 조망 대상이 관악산과 남산(잠두봉) 등의 산, 양화나루와 서호, 밤섬, 마포, 여의도, 용산 등 강변 풍경까지 매우 폭넓은 지역을 아우른다는 점이다. 강을 휘감아 불쑥 내민 언덕 절벽 위에 있었으니 조망이 대단히 훌륭했을 것이다. 그러니 굳이 좁은 터에 번거롭게 조경을 더 할 필요도 없었을 것이다.

순조 때 활동한 김석신(조선 후기 화원 화가)이 그린『담담장락도(澹澹長樂圖)』에는 깎아지른 듯한 바위절벽 위에 팔작지붕으로 규모가 꽤 큰 담담정이 당당하게 앉아 있다. 담담정에는 몇몇이 앉거나 서서 무언가를 나누고 있어 얼핏 안평을 중심으로 펼쳐졌던 시회를 묘사하는 듯 하다. 담장 안에는 커다란 나무 두 그루가 서 있다. 이걸 보면 어느 정도의 조경은 있었던 모양이다. 담담정은 계유정난 이후 신숙주에게 하사되었다가 때때로 왕이 나와서 중국 사신을 위한 연회를 베풀거나, 중국 배와 각종 화포 쏘는 것을 구경하는 장소로 이용되기도 했다.

안평대군의 〈몽유도원도〉 발문(跋文, 꼬리말)

당시 중국 황제까지 수집하려고 했을 정도로 안평의 글씨는 유명했었는데,
후대에 정조대왕도 "고상하고, 근엄하며, 우아하면서도 아름답다"고 하면서
안평대군을 조선의 명필 중 으뜸이라고 높이 평가하기도 했다.
사진은 안평대군이 꿈을 안견에게 들려주고 그림을 그리게 하여
완성된 〈몽유도원도〉를 보고 쓴 발문(跋文, 꼬리말)이다.
© 일본 텐리대

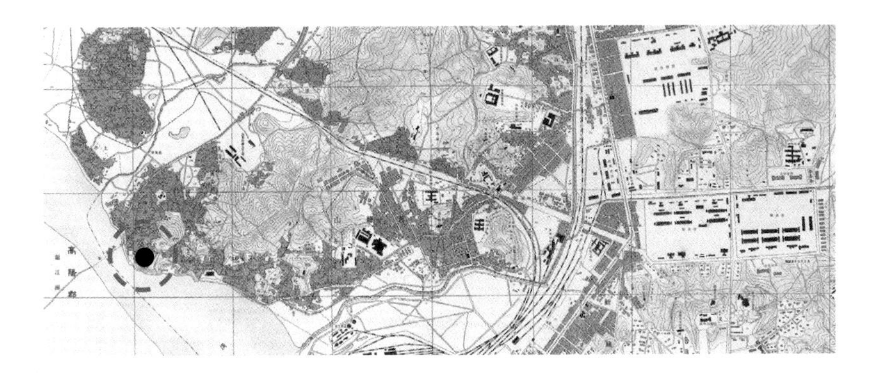

담담정 추정 위치

용산시가도(1927년) 위에 위치 표시 © 서울역사박물관

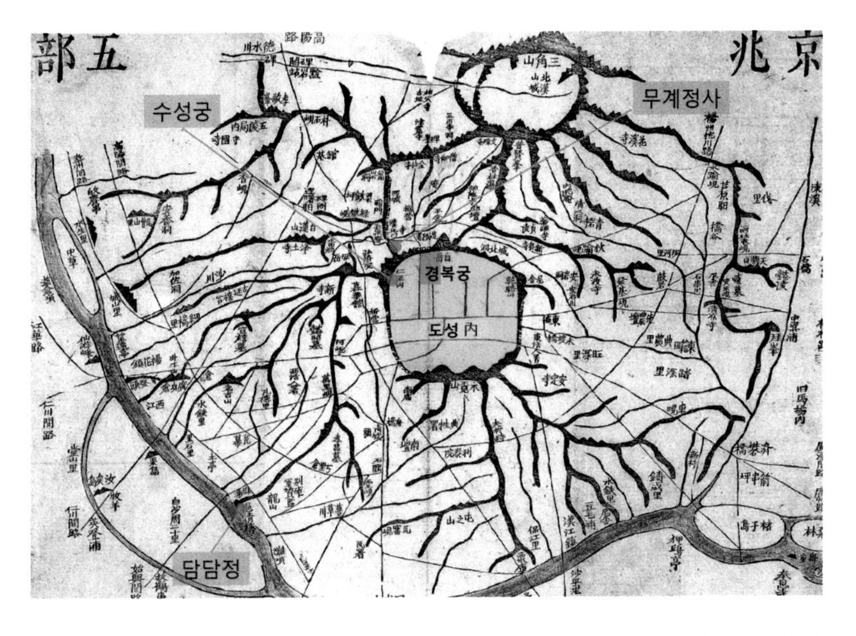

안평대군의 수성궁과 별서들 위치

수성궁은 도성 내 산기슭에 위치하고 있고 무계정사는 산속에, 담담정은 강변에 있다.
수성궁 역시 도성 안에 있지만 인왕산자락 빼어난 계곡부에 있었다.
안평대군은 한결같이 산과 물이 어울린 자연경승지를 찾아 집과 정원을 마련한 셈이다.
© 경조오부도

고급 문화예술 생산과 향유의 장

안평대군에게 정원은 격조 있는 문화예술을 창작하고 소비하는 무대였다. 당시 최고의 서화 수집가였던 그답게 안평대군의 정원에는 온갖 진귀한 감상할 것들이 가득했다. 무계정사와 담담정에 1만 권 넘는 책을 쌓아놓고서 문사(문학에 뛰어나고 시를 잘 짓는 사람)들을 불러 시회(시를 짓거나 토론하고 감상하기 위한 모임)를 즐겼다. 때로는 달빛 아래 배를 띄우고 시를 짓고 바둑이나 장기를 두거나 음악을 즐기기도 했다. 바둑판과 바둑알 모두 옥으로 만들었고 바둑알에 도금을 할 정도였다. 비단 위에 초서(획을 생략하고 흘림체로 쓴 서체)와 행서(흘림 글씨체)를 휘갈겨 썼을 정도로 화려하고 거침이 없었다. 그의 문예 취미활동들도 빼어난 자연 속 정원에서 펼쳐졌기 때문에 더욱 빛났을 것이다. 학문과 예술에서 탁월한 재능을 발휘했기에 정원은 마음이 통하는 이들과 한껏 예술적 끼를 펼쳐낼 수 있다.

문화예술 활동에 열중했던 이면에는 어쩌면 절대권력인 왕이 되고 싶은 욕망에서 벗어나려는 몸부림이 숨어 있을런지도 모른다. 그렇게 보면 안평대군이 경승지를 찾아내서 무계정사나 담담정 같은 정원을 짓고 즐긴 것도 같은 맥락에서 이해할 수 있을듯싶다.

양산보(조선 전기 문신)의 소쇄원(조선 중기에 세워진 한국 전통의 별서 정원), 윤선도(조선 중기 문신, 시인)의 금쇄동(산중에 세워진 별서)과 부용동(별서) 그리고 이황(조선 전기 문신, 학자)의 계상초당 등에서 보듯이 세속적 유혹에서 벗어나려 했던 조선 사대부에게 정원은 가장 적절한 은신처가 아니었던가 말이다.

안평대군과 그의 저택 수성궁을 소재로 쓰인『운영전』에는 그가 유교적 이념이나 정치보다 시를 중심으로 예술문화적 차원에 더 깊이 빠져있었다고 묘사돼 있다.

순연하고 바른 성정을 위한 환경조건

안평대군에게 정원은 세상의 이해관계나 시시비비에서 벗어나 느긋하고 바른 상태를 유지할 수 있는 환경적 조건을 갖춘 곳이었다. 그것은 내면의 정신 상태를 유지하고 시로 표현하는 최고의 실력을 갖기 바랬던 최고의 현장이었다. 번거롭고 속된 세상을 싫어하고 자연를 좋아하는 안평에게 정원은 정신을 맑게 하고 생각을 고요하게 만들어 주는 곳이었으며 도를 즐길 수 있게 하는 곳이었다.

흥이 오르면 언덕에 올라 조용히 휘파람을 불기도 하고 흥이 물에 있으면 냇가에 가서 시를 읊으며 자연의 이치와 자신의 천성을 기꺼이 누리기를 원했다. 그에게 각각 산(인왕산)과 물(한강)로 대변되는 무계정사와 담담정은 각별한 의미를 지닌 곳이었을 것이다. 고요하면서 마을과 떨어져 있는 곳에서 마음을 오로지 쏟고 싶어 했던 그에게 안성맞춤이었을 것이다.

거세된 정치적 욕망의 대리 만족으로서 이상향

안평은 부단히 이상을 꿈꿨다. 조선초 최고의 명화『몽유도원도』는 안평대군이 꿈에서 본 무릉도원을 안견(조선 초기 화가)에게 그리게 해 탄생한 것이다. 나이 서른에 접어든 어느 봄날 그는 무릉도원을 박팽년(조선 전기 문신, 집현전 학자)등과 함께 거니는 꿈을 꿨다. 그것은 어쩌면 자신의 신분과 처지를 벗어나 이상적인 삶을 바라는 염원이 꿈으로 나타난 것이라고도 볼 수 있다.

다시 말해 부친 세종의 간곡한 당부와 형 문종과 조카(단종)에 대한 의리에 대한 부담감이 그로 하여금 정치적 의도로 해석될 만한 활동은 극도로 절제하면서, 에둘러 세상사에서 벗어난 듯 이상적 정원을 찾게 하지 않았을까? 정원이야말로 잠시라도 정치적 욕망을 초월하며 넘어서게 만드는 최적의 도구 혹은 현장이었을 것이다.

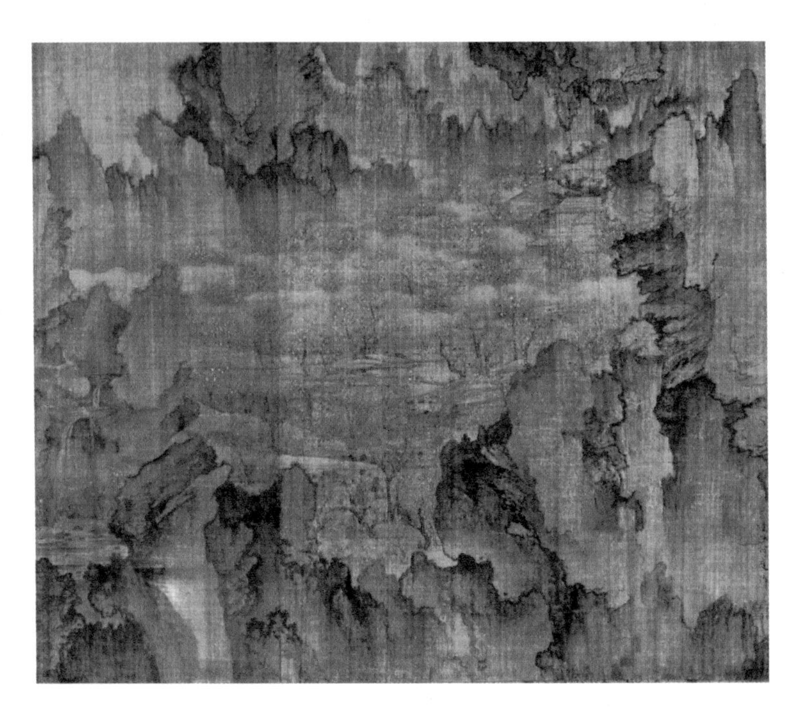

안평대군의 꿈을 듣고 안견이 그린 『몽유도원도』 중
도원 부분(1447년, 비단에 엷은 채색)

사방이 험준한 바위산으로 둘러쳐진 가운데 들은 화사하게 핀 복숭아꽃으로 가득하고
도원 끝에는 두어 채 띠집이 위치하고 있다.
안평대군은 꿈속에서 본 도원과 흡사한 곳을 창의문 밖 계곡에서 찾아내어 무계정사를 지었다.
몽유도원의 꿈을 꾼 지 4년 만의 일이었다. © 일본 텐리대학 소장.

세상의 미련을 끊어버리기 위한 방편으로서 정원

안평대군은 짧지만 매우 극적인 삶을 살았다. 왕자이자 대군으로 최고의 부귀영화를 누렸으며 타고난 재능과 총명함을 한껏 발휘했다. 당대 최고의 문사를 넘어 강력한 정치적 힘을 얻기도 했지만, 하루아침에 역적으로 몰려 죽임을 당했다. 영예롭기 그지없던 그의 삶은 친형 수양대군과의 왕권 다툼에 말려들어 패함으로써 비극적인 종말을 맞고 말았다.

효용(驍勇, 굳세고 날쌤)하여 무인에 가까웠던 수양(세조)보다는 온화하고 문예에 조예가 깊은 안평을 세종은 더 총애했던 걸로 보인다. 수성궁 집에 이어 "게으르지 말고 한 임금(문종)을 잘 섬기라"는 각별한 당부가 담긴 비해(匪懈)라는 집 이름까지 하사한 세종이 안평대군에게 기대한 것은 무엇일까? 자신은 물론 부왕 태종이 이루지 못한 적자 왕위 계승이 그 마음을 아들들이 지켜주기를 바라지 않았을까?

그런 이유로 안평대군은 형 수양대군에 의해 죽임을 당하기까지 부친의 뜻을 충실하게 지키려고 애썼던 걸로 보인다. 하지만 맏형 문종이 왕이 된 지 2년 만에 죽고 어린 조카 단종이 왕위에 오르면서 형과의 권력다툼에 빠져들고 말았다.

그가 도원에 거닐며 꾼 꿈이 과연 제왕의 야심이었는지 세속적 욕망을 벗어난 탈속의 삶이었는지 알 수는 없다. 하지만 아버지 세종의 당부를 안평이 쉬 잊지는 못했을 것이다. 자신의 의도와는 다르게 왕권 다툼에 빠진 그가 세상의 미련을 끊어버릴 방편으로 정원을 찾았을 거라는 추측이 가능한 대목이다.

안평대군의 삶에서 정원의 역할은 복합적이다. 그에게서 정원은 타고난 예술적 감각을 풀어낼 수 있는 무대였다. 유유자적하는 기질을 유지하고 최고의 시적인 능력에 도달하기 위한 환경조건이었을 수도 있다. 펼칠 수 없는 정치적 욕망을 대체하는 수단이거나 주체할 수 없는 현실로부터 벗어나기 위한 심리적 방편이었을 수도 있다.

정원을 통해 안평대군은 타고난 재능을 마음껏 발휘하면서 자신의 성정을 바로잡아 나갔을 듯하다. 더불어 온갖 세속적 유혹과 욕망이 섞인 심적 갈등을 조절할 수도 있었을 것이다. 그가 추구한 것이 무엇이든 타고난 자기 자신 그대로 살기도, 올바른 길을 가려내기도 어려운 지금의 시대에서 그의 정원생활로부터 우리가 배울 점은 무엇일까?

글을 마무리하며

얼마 전 시내에 나가는 김에 대형 서점에 들린 적이 있다. 최근 우리 사회에 정원에 대한 관심이 부쩍 늘어서 새로 나온 책들이 얼마나 있을지 해서였다. 하지만 실망스럽게도 정원 관련 책은 별로 없는데 비해 음식과 요리 관련 책들이 주요 매대를 가득 채우고 있었다. 그러고 보면 한국은 이미 오래전부터 요리 콘텐츠들로 넘쳐나고 있다. '먹방'이라는 신조어가 옥스퍼드 사전에 실리기도 했을 만큼 열병처럼 유행하고 있다. 어떤 해외 저명 매체는 한국인들이 '먹방'을 즐기는 것은 먹는 데서 행복과 위로를 찾는 것을 주요 원인으로 봤다. 그 이면에는 한국 사회의 불안과 불행, 그리고 위로라는 키워드가 깔려있다고 간파해 내기도 했다. 굳이 그런 심각한 진단까지 가지 않더라도 그저 먹방에만 열광하는 것은 문제가 있지 않을까 한다. 인간의 1차원적인 '먹는 욕구'에서 이제는 어느 정도는 넘어서야 하지 않겠는가 말이다. 어느새 한국은 선진국 대열에 들어서 있다. 그것이 경제든 문화예술이든, 혹은 군사력이든 스포츠이든 한국은 이제 당당히 세계 최강국이며, 그 안에서 우리가 살고 있는 것이다. 변화하는 시대에 맞춰 우리의 삶도 달라져야 하지 않을까? 먹고사는 욕구 충족을 넘어 어떻게 살 것인지, 어떤 꿈과 가치를 추구하며 살아갈 것인지를 찾아야 할 필요가 있다.

책이 마음의 양식이라면 정원은 몸과 마음 모두의 양식이다. 그것도 실천까지 겸한. 책

읽기는 집중을 요하지만 정원일은 좀 다르다. 그저 묵묵히 씨를 뿌리고 호미질을 하다 보면 어느새 꽃이 피고 열매가 맺히면서 점점 정원이 살아나게 된다. 씨가 싹을 틔우고 꽃 피우고 열매 맺는 일은 전적으로 자연에 의한 것이니, 정원사는 그 과정에 적당히 동참하기만 하면 된다. 노력 이상의 과한 욕심을 내지 않아도 되고 선불리 포기하지 않아도 된다. 그저 자연의 섭리를 파악해 맞추게 되면 정원의 식물도, 정원을 가꾸는 나 자신도 살아난다는 것을 깨닫게 된다. 자신도 모르게 몸과 마음이 정화되고 안정을 찾게 되는 것이다. 아름다운 꽃과 열매, 그리고 건강한 먹거리는 결과로 따라오는 부수입일 뿐이다. 이탈리아의 인문학자 페트라르카가 정원을 사색과 성찰, 그리고 시를 위한 가장 이상적인 장소라고 말한 것도 그런 까닭일 것이다. 다소 어색하게 들릴 수도 있겠지만 정원은 사람을 위한 곳이다. 사람이 사람답게 살아가기 위해 꼭 필요한 것이 정원이고, 정원을 통해 삶의 깊이를 더할 수 있을 것이라고 믿는다.

이 책의 방점은 정원보다는 삶, 구체적으로는 역사 속 저명한 이들의 삶에 있다. 그들의 탁월한 업적과 성과 이면에는 그에 못지않은 역경과 좌절도 있었을 것이다. 그런 그들의 인생에서 정원이 준 긍정적인 영향을 읽어내 보고 싶었다. 정원이 없었다면 삶이 어떠했을까? 정원이 없었다면 헤세의 내면 깊은 곳에서 퍼 올린 생각을 담은 글이 나올 수 있었을까? 정원 속에서의 기꺼운 노닒이 없었다면『오우가』,『어부사시사』와 같은 고산 윤선도의 주옥 같은 시를 우리가 접할 수 있었을까? 정원에서 기른 가족애가 뒷받침되지 않았다면 과연 처칠이 그처럼 담대하게 전쟁을 치러낼 수 있었을까? 정원에서의 만남과 소통이 없었다면 정조대왕의 혁신적인 개혁과 탕평책이 가능이나 했을까? 다산초당에서 혜장이나 초의, 그리고 여러 제자들과의 만남과 대화가 없었더라면 사상과 학문, 그리고 문예에 걸친 다산의 탁월한 성과가 과연 빛을 볼 수가 있었을까?

이쯤에서 한번 우리도 자신에게 같은 질문을 던져 볼 필요가 있지 않은가? "내게도 정원이 있었다면 과연 내 삶이 어떠했을까?" 아니면 "앞으로 정원생활을 통해 내 삶을 어떻게 변화시켜 나갈 수 있을까?"라는 질문 말이다. 어디 내 삶뿐이겠는가? 나의 배우자와 아들딸, 그리고 손자손녀의 삶까지 지대한 영향을 주는 것이 정원이라면 어찌 한 시라도 머뭇거리랴?

이 대목에서 혹시라도 정원에 관한 전문 지식과 경험 부족을 탓하거나 경제적 여유가 없음을 염려하는 이가 있다면 그냥 내가 좋아하는 타입으로, 쉽게 할 수 있는 방식으로 시작하라고 권하고 싶다. 앞에서 말한 대로 세상에는 정원사의 머릿수만큼 정원 유형도 다양하다. 그만큼 정원은 개개인의 사적 심미관의 산물인 것이다. 그러니 정원을 만들고 즐기는 데는 따로 정답이 없다. 내가 뭘 좋아하고 어떤 것을 즐기려고 하는가가 중요할 뿐이다. 그렇다. 그동안 열심히, 힘들게 살아오느라 잠시 접어 두었던 '나'라는 존재에 주목하면서, 이제는 내가 좋아하는 것을 찾아, 내가 진정 바라는 가치와 꿈을 찾아봐야 하지 않겠는가? 그걸 찾기 위해서, 그걸 실현하기 위해서 필요한 것이 바로 정원이 아닐까 한다. 당연히 그 정원이 꼭 크거나 화려할 필요는 없을 것이다. 다만, 유의할 것은 그렇게 시작하는 정원일에 육체적 노동력과 시간과 비용을 너무 과하게 투입하지 않는 것이 좋겠다. 헤세가 말한 것처럼 적당히 게으른 듯, 가을날 모닥불 연기 곁에서 꿈꾸기를 하듯 즐기면서 할 일이다.

인생정원

초판 1쇄 인쇄 2023년 7월 19일
1판 2쇄 발행 2023년 9월 1일

펴낸곳 스노우폭스북스
발행인 서진

지은이 성종상

기획·편집 서진
편집 진행 성주영

마케팅 김정현, 이민우, 김은비
영업 이동진

디자인 양은경

주소 경기도 파주시 광인사길 209, 202호
대표번호 031 - 927 - 9965
팩스 070 - 7589 - 0721
전자우편 edit@sfbooks.co.kr
출판신고 2015년 8월 7일 제406 - 2015 - 000159

ISBN 979-11-91769-41-8 (03100)
값 19,500원